孫育ての新常識

増補改訂版

幸せ祖父母の
ハッピー子育て術

まえがき

「せっかくかわいい孫を授かったんだから、パパ、ママ、双方の祖父母、みんな仲よく力を合わせて、楽しく育てていこうよ！」。

この本を作った目的は、これに尽きます。

私の周りでは、友人知人が次々に「じぃじ」「ばぁば」になっています。フェイスブックやツイッターには、「孫が生まれました！」「孫とおでかけしてきました！」と、かわいい孫と過ごす彼らの喜びが、画面からこぼれ落ちんばかりなのです。

でも、よくよく話を聞いてみると「孫のことで子どもたちとちょっとモメた」「孫ができて、嫁（婿）の実家となにかと接点が増え、疲れる」というホンネの裏話も聞こえてきます。

じゃあ、子ども世代のパパママはどうなの？　と、うちの息子や娘の友だちに聞いてみたら、ポツポツこぼれ出てくる両親、義両親への不満や愚痴の数々……。

どちらにとっても大切な孫であり、子どもなのに、どうしてうまくいかなくなってしまうのかなぁ？　という素朴な疑問から、この本作りはスタートしました。わが家の子どもたちのところには、まだコウノトリが舞い降りてはいませんが、そんな今だからこそ、フラットに双方の話が聞けるのではないかと、ヒヤリングを開始したのです。

聞いてみれば、それぞれのトラブルは、ほとんどが第三者から見たら些細なこと、小さな誤解から生じたこと。でも、当事者にとってはけっこうなインパクトがあるようで、いつまでも「許せない」と尾を引くことも少なくないようでした。

本当は互いにホンネで話せればいいのですが、それぞれの立場や関係性もあり、そうは簡単にいかないのもこの種のトラブルの特徴。

そこで、双方の言い分を受け止めつつ、「こうしてみたらどうかな?」「これはやめといた方がいいよ」というアドバイスをまとめたのがこの本、というわけです(個々のエピソードは個人が特定されないように加工してあります)。

孫を授かった人も、これからの人も、若い人のホンネに耳を傾け、最新の育児事情もチラ見しつつ、楽しくハッピーな孫育てライフを満喫してください。

小屋野　恵

※右は2017年に初版を発行した時の「まえがき」です。3年半という時間が経ち、子育て・孫育てを取り巻く状況は大きく変化しましたが、この本を作りたいと思った時の精神はそのまま。初心を忘れないためにも、「まえがき」はこのまま残しておくことにしました。ただ、内容的に古くなっていることなどは、加筆訂正をし、少しページを増やしてお届けいたします。そして、おかげさまで私どものところにも、2018年、かわいい孫がやってきたこともご報告しておきます。

目次

第1章 プレ孫〜はじめまして

「もうそろそろ……」って言わないで！……8
安定期まではお口にチャック！……10
Xデーはひたすら待つのみ！……14
産後は母体の回復を最優先に……16
「はじめまして」も要相談……20
義実家に長居はちょっとツライ……22
里帰り出産に伴うあれこれ……24
突然来ないで！は切実なお願い……28

コラム 国際結婚のカップルは？……30

第2章 孫のいる日々いろいろ

おおらかに見守るのがジジババの仕事……32
初めての子育てはみんな神経質……34
Skype・LINEもほどほどに……38
Zoomってなんだ？……42
複数の孫とのつきあい方を考えよう……46
手伝いもほどほどに……50
嫁、婿の実家と張り合わない……54

第3章 イマドキの子育て

コラム 孫がかわいい？ わが子がかわいい？……58
アレルギーの基本を知っておこう……60
育児の常識は時代で変わる……68
楽しく安全に「みんなでご飯」……74
車に乗せるならベビーシート！……76
子育て便利グッズいろいろ……78
保育園に入れたい！……84
テレワークってなんだ？……90
習いごと・早期教育のトレンドは？……94
教育は変わる？……100
保育園・幼稚園のイベントは？……102
こんなことが助かった！……106
コラム イクメン息子を見ていると面白くない……116

第4章 行事いろいろ

帯祝い……118
命名式（お七夜）……120

第5章
安全に楽しく孫育て

お宮参り……122
お食い初め……124
初節句　女の子……126
初節句　男の子……128
七五三……130
習いごとの発表会……132
入園式、卒園式、入学式……133

コラム　内孫、外孫、違いはいかに？……134

子世代のおもちゃや本を孫に……136
時間と手間がかかる遊びはジジババの担当で……140
家の中の危険を改めて見直そう……146
家の外の危険は？……152

孫育ての資料……156
新しい形を考えてみましょう
～あとがきにかえて～……158

※本書は2017年発行の『孫育ての新常識　幸せ祖父母のハッピー子育て術』の増補改訂版です。

第1章

プレ孫
～はじめまして

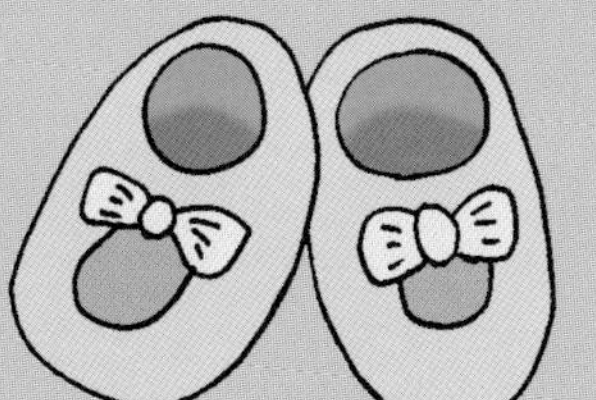

「もうそろそろ……」って言わないで！

晩婚化、晩産化が進み、妊娠・出産が
難しい人も増えています。
一人目が授かっても、二人目が
なかなか……という二人目不妊も。
すべてはコウノトリのご機嫌しだい。

「孫プレッシャー」もほどほどに

社会全体を通じて晩婚化、晩産化が進んでいます。

１９８５年と２０１５年の比較では、女性の初婚年齢は25歳から29歳、第一子の出産時年齢は26歳から30歳と、それぞれ約4年ずつ遅くなっているのです。

１９８０年代というと、ちょうどばぁばたち世代が出産した頃、ということになります。女性の社会進出が進む中で、結婚と仕事の両立、出産・育児と子育ての両立に悩みつつ、人生の選択をしてきた世代。

当時「女性はクリスマスケーキ。25（歳）を過ぎるととたんに値打ちがなくなる」などと言われて、なんとか「売れ残る前に売れたい！」と焦りを感じたり、周囲の目に嫌な思いをした方も少なくないのでは？

そんな自分の経験があるからこそ、わが子が伴侶を得るまでは本当にやきもき。ようやく結婚したらしたで「今度は孫！」と鼻息が荒くなってしまうのはよくわかります。

　実際のところ、女性の年齢が上がるにつれ自然妊娠が難しくなり、流産や出産に伴うリスクが高くなるのは事実です。データ上でも、不妊治療に取り組むカップルは、ここ十数年右肩上がりという現状もあります。

　でも、だからといって「ちゃんと努力してるの？」「どこか悪いんじゃない？」とプレッシャーをかけても何も得られません。それどころか、子世帯との関係が悪くなるだけ。いつ孫が授かるかは、子どもたちの選択であると同時に、「コウノトリのご機嫌しだい」なのですから。

ホンネde言うと…

二人目不妊で治療中。作らないんじゃなくて、できないんです！

親戚のおじさんの『子どもの作り方教えてやろうか？』攻撃。来た来た！と身構えたら、義理母がおじさんに向かって『うちの大事な嫁さんに何を言うんだ！』と一喝。うれしくて涙が出ました。

私が親戚の赤ちゃんを抱いているだけで、おヨメさんがピリピリするのがわかります。早く孫の顔を見たいのがホンネですが、極力触れないように気を遣っています。

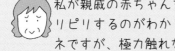

安定期までは お口にチャック！

「授かりました！」と言われても、
周りの人にお知らせするのは
ちょっと待って！
せめて安定期に入るまでは
お口にチャックです。

「おめでた」いけどリスクはあります

出産年齢の高齢化に伴い、不妊のリスクと共に、流産・死産といったリスクも高まっています。

「できたみたい」と報告を受けても、喜び過ぎには要注意。待望のおめでた報告に、一気に夢が広がるかもしれませんが、誰彼かまわず「孫ができた〜！」と触れ回るのは控えましょう。もし、万一のことがあった場合、一番傷つくのはジジババではなく、お腹で赤ちゃんを育んできた娘であり、お嫁さんです。

おめでたがわかってすぐに報告してくれたのは、あなたが身近な家族の一人だから。子世代には子世代なりの心づもりがあって、友だちにはいつ頃、会社の人にはいつ頃、というふうに予定を立てているかもしれないのです。それを、親の口から勝手に触れ回られたのでは、気分がよくないに決まっています。

もし、子世代の方が舞い上がって、周囲の人に触れ回っているようなら、「安定期に入るまでは周りの人に言わない方がいいよね？　言ってもいい時期が来たら教えてね」くらいのブレーキはかけてあげましょう。

男の子でも、女の子でも

「おめでた報告」の次に、気になることといえば、生まれてくる赤ちゃんが男の子か女の子か、というところかもしれません。

初孫なら「どちらでも元気で生まれてくれれば」と、のんびりしていたジジババも、男女どちらかの孫が続いて生まれると「次は絶対男（女）の子！」といった、強い希望がムクムクと湧き上って来るかも。

ただ、それをあからさまに口にするのは控えましょう。

察しのいいパパママなら、わざわざ言わずとも、両親の気持ちは痛いほどわかっているでしょう。言われてもどうしようもないこと、もう変えようがないことを、

ついに！わが家に念願の
初孫がやって参りましたあ
ありがとー
ありがとー
祝・BABY
…というのは控えましょう

外野がごちゃごちゃ言うべきではありません。

ジジババの取れるスタンスはただひとつ「おめでとう。よかったね」とシンプルに喜んであげることだけです。

余計なプレッシャーをかけてはいけないと「無事に生まれたらどっちでもいいよ」「五体満足なら男でも女でも」なんていうのも、今の時代、言われた方は穏やかでいられない励ましかもしれません。

子どもたちが見聞きする出産リスクは、私たちの想像を超えています。情報過多の時代背景もあいまって、彼らには、「無事に出産すること」も「五体満足」も、決して当たり前とは思えない状況。そこは踏まえておくべきです。

「うちが最後」でもヒガマナイ

もしかしたら、身内の中で自分のところにおめでた報告が届くのが最後になる場合があるかもしれません。

特に、嫁姑の関係では、「お義母《かあ》さんにぬか喜びさせられないから、安定期に入ってから言いたい」という気持ちで、後回しにされる可能性がなきにしもあらず。

ある日突然先方の親から「おかげさまで授かりましたので……」と、知っている前提で話しかけられても、「え？　そうだったんですか!?　私は教えてもらってない！」と、ひがむ必要はありません。それは子世代の気配りであり、気遣いなのです。自分に対するやさしさと捉え、プラスに考えましょう。

　誰が先に知ろうが、誰に先に伝えようが、妊娠したという事実はおめでたいこと。生まれてくる命はかけがえがなく、そしてあなたの命を未来につないでくれる大切な存在です。「うれしい」「ありがたい」と、喜びと感謝の気持ちでこの世界に迎えてあげようではありませんか！

授かったら無事に生まれて当たり前。まさか自分の娘が流産するなんて思ってもいませんでした。病院のベッドに横たわる娘を抱いて、ただただ共に泣きました。

妊娠を喜んだのもつかの間、年齢のこともあり、医師から出生前診断について説明され、受けるか受けないか決断しなくてはいけない状況に。あれは大きなストレスでした。

「孫が授かった！」と誰彼なく言いふらしたい衝動をこらえるのが大変でした。安定期までガマンしたことで、こちらの気持ちが落ち着いたのは、よかったと思います。

Ｘデーは
ひたすら待つのみ！

予定日が近づくと、ジジババもそわそわ。
毎朝「今日はどんな感じ？」と
聞くのはちょっと待って！
「何かあったら連絡してね」と伝えたら、
後はひたすら待つのみ！です。

「その連絡」は来るまで待つ！

予定日が近づくと、今日か明日かとワクワクする気持ちが高まってきます。心待ちにしてきた孫の誕生ですから、待ちきれないのはわかりますが、毎日のように「今日はどう？」「そろそろ陣痛？」なんて、メールやＬＩＮＥでせっつくのはやめましょう。電話をかけるなんて、もってのほかです。

計画分娩でない限り、いつ生まれるかは誰にもわかりません。ましてや初産の妊婦に、出産の兆候がはっきりわかるはずもありません。

しかも、当事者の子世代は自分たちのことで精一杯。「おしるしがありました」「陣痛が○分おきです」と、こまめに連絡するのは無理というものです。

こちらはあくまでも当事者ではなく第三者。できることは連絡が来るまで静かに待つことだけです。

名前はパパママが

　以前は祖父母が孫の命名権を握っていて、神社やお寺などにも相談し、生まれる前に名前の候補をいくつか用意しておくということもありました。しかし、今はほぼ100パーセント両親のどちらか、もしくは二人で子どもの名前を付けています。

　相談された時以外は口出しせず、彼らの願いを込めた名前を受け入れましょう。どんな名前でも、呼んでいるうちに愛着が湧いてくるというものです。

「男の子だったら名前に●の字は絶対に入れるように」と言われてびっくり。旧家や名家ならともかく、普通のサラリーマン家庭なのに……。

必死で考えた名前を両親に伝えたら「なにその名前！犬みたい」と言われました。呼びやすい名前にしようと思って決めて、もう役所にも届けた後だったのに……

産後は
母体の回復を最優先に

「生まれました！」と知らせが来たら、
孫の顔はできるだけ長く見たい！
でも、病院や産院に長居は禁物。
ママをゆっくり休ませることが
第一です。

赤ちゃんの顔を見たら早々に退散

「生まれそうです！」もしくは「生まれました！」と連絡が来たら、まずは駆けつけて、孫と対面したいでしょう。それ自体はジジババとしては当然の気持ちだし、もし行ける距離ならば、パパママの顔を見て、ちゃんとお祝いを言ってあげたいところです。

ただ、産院や病院で「うれしい」「めでたい」とお祭り騒ぎをするのは控えましょう。病室に双方の両親、兄弟姉妹、その子どもたちまで大集合して大騒ぎ！などということのないように。入院しているのは、無事に出産を終えた幸せな人ばかりではありません。

病院や産院によっては、病室に新生児のきょうだい以外の子どもの立ち入りを禁止しているところもあります。はっきりした決まりがなくても、子連れでのお見舞いは遠慮した方がいいでしょう。

連日のお見舞いは……

大勢で駆けつけて大騒ぎするのと同様に、控えたいのが「毎日行って、何時間も病室にいる」ということ。

生まれたばかりの赤ちゃんの顔を見ていると、時間を忘れます。何十年かぶりに見るオムツ替えも、授乳も、喜びと新鮮な驚きに満ちているかもしれません。でも、ここはガマンのしどころ。

自分が出産を終えたばかりの頃を思い出してみてください。初産で何時間もの陣痛に耐えて、くたくたになっていませんでしたか？　おっぱいがうまく出なくて、授乳のたびに汗だくで苦戦していませんでしたか？

新米ママには、退院したとたんに嵐のような育児生活が始まります。せめて入院中は母体の回復を第一に考えて、

もうすぐ授乳の時間なんだけど…
ほらフルーツも持って来たのよ
ワイ
ワイ

余計なストレスは与えず、静かに過ごさせてあげてください。

ママに「ありがとう」って言った？

「マタニティ・ブルー」という言葉もあるように、出産直後はホルモンの急激な変動もあり、精神的にも不安定な時期。

どうしても赤ちゃんに注目が行きがちですが、ちょっとしたことで不安になったり、イライラしたりするママの気持ちも考えてあげてください。

産後のママが意外に孤独を感じたと言うのが、「赤ちゃんはみんなからチヤホヤされているのに、自分は誰からも声をかけてもらえない」「みんなが

赤ちゃんを囲んで盛り上がっているのを、ベッドから一人で見ているのがツラかった」ということ。

確かに、何はともあれ、生まれたばかりの赤ちゃんを見たい、触りたい、抱っこしたい！　というのが正直な気持ちなのでしょうが、お腹の中で何か月もはぐくんで、ようやく苦労して出産したママへの配慮も忘れずにいたいものです。

義理親の立場では、まずお嫁さんに「お疲れさま」「がんばったね」「ありがとう」という、ねぎらいや感謝の声かけをしませんか？　彼女がいなければ授からなかった命です。

あらかじめ、ちょっとしたプレゼントを用意しておくのもおすすめです。

小さな病院で出産したのですが、義両親一家が車で乗りつけ、持ってきたお赤飯やお惣菜で小宴会状態に。周りの人にも迷惑だし、みんなが帰った後、私も熱が出てしまいました。

産院に赤ちゃんを見に来た義理母から、「ありがとう」とパールのペンダントをプレゼントされました。私のために準備していてくれた気持ちがとてもうれしかったです。

「はじめまして」も要相談

自分たちも産声が聞けるという
思い込みは捨てたほうがいいかも。
面会にも予約が必要になるなど、
病院の方針や家族の対応が
多様化しています。

ジジババがまず会うのは当たり前？

もう３年も前になりますが、初孫の出産に際し、先方のご両親、息子、私たち夫婦の５人が病院の待機室に集合。私たち以外にも、同じように待機されているご家族が何組もあって、保育器に入った赤ちゃんが連れてこられる度に「うちの子（孫）か!?」とみんなが中腰になり、違っていても「おめでとうございます。よかったですね」と声を掛け合ったのが遠い昔のことのよう。今は残念ながらそういうわけにはいかなくなっていますよね。

陣痛が始まり、いざお産となっても、祖父母は院内にも入れないかも。検診の時でさえ、病院に入れるのはパパだけだったり、場合によっては妊婦・産婦以外は建物の中に立ち入り禁止というところも少なくないようなのです。

出産を考えている産院がどういうシステムになっているのか、事前に確認しておき、人数に制限がある場合には誰が病院に行くのか、病院に行かない場合には、待望の孫との初対面はいつ、どこにするのか、話し合っておきましょう。

この際「○○家の孫」という考え方は、ちょっと脇に置いて、出産で気力体力を消耗しているママのためには、産婦の両親がそばにいてあげられたほうがいいかもしれません。

「はじめまして」を楽しみにしつつ、自宅でフィーバー！

ホンネde言うと…

初孫の産声は産院で聞けるものと楽しみにしていたのに、息子以外は立ち入り禁止と聞いてガックリ。自宅で落ち着かない待機となりました。

産婦以外は病院の敷地にも入れないと言われていましたが、ビデオ通話で生まれた直後の孫の顔を見せてもらえて、とてもありがたかったです。

義実家に長居は
ちょっとツライ

パパの実家訪問では、
ちょっと気詰まりな
ママの気持ちに
配慮してあげてください。

居心地がすごくいいとは……

赤ちゃん連れでの移動が可能になると、ジジババが待ちに待ったパパの実家訪問の日もやってきます。親戚やご近所の方に孫のお披露目をしたいし、移動が難しい曾祖父母と会わせることもできます。「この機会にご先祖さまに！」とお墓参りを予定に組み込むこともあるでしょう。でも、そのどれもがママになったばかりのお嫁さんには神経を使うものばかりです。

親戚とはいえ、自分にとっては見知らぬ他人が赤ちゃんをいじくり回すのにも抵抗があるし、子連れの外出に慣れていないのに、あちらこちらと連れ回されるのも疲れるものです。

予定の詰め込み過ぎに注意して、授乳の時間、オムツ替えの場所、安全に寝かせておけるスペースなど、行く先々で不自由がないように、整えておいてあげましょう。

また、ママたちが意外に「イヤだな」と思っているのが「○○ちゃん（パパ）の子どもの頃にそっくり！」と、いろんな人に言われること。「私が産んだ私の子なのに、夫のコピーを産んだみたいに言われるのは心外」なんだとか。

一度や二度ならともかく、あっちでもこっちでもしつこいくらいに言われると、カチンとくる気持ちもわからなくはありません。「両方のいいところ取りだね」とか「口元はママ似だね」なんて、ちょっとフォローしてあげられるといいですね。

滞在中に何度も「息子にそっくり」と義両親に言われ、だんだんイライラしてきました。私の子なのに……。

「他の部屋は寒いからここで」と、みんなが大騒ぎしている部屋の隅で授乳するように言われたのには参りました。

車で移動するから平気かと思いましたが、子連れの外出は疲れるんですよね。すっかり忘れていました。ぐったりしているおヨメさんを見て、申し訳ない気持ちになりました。

里帰り出産に伴うあれこれ

立場が違うとここまで違うか！？
という里帰り出産に対するとらえ方。
どちらの親も、
わが子がかわいいわけ
なのですが……

お産の時くらい実家でのんびりしたい？　させたい？

実の娘なのか、息子のパートナーなのかで、これほど捉え方が違うのか、と驚くのが「里帰り出産」についての考え方。

娘の両親の立場では「出産前後ぐらい自由気ままにさせてやりたい」「落ち着くまで手元に置いて世話をしたい」という気持ちがとても強いようです。

しかし、息子の親としては「出産とはいえ、何か月も息子を一人にするの？」「お産が終わったらすぐに戻ってくるかと思ったら何か月も……。もう戻って来る気はないんじゃないの？」と、皮肉たっぷりで見ている感じがします。これには、ようやく生まれた孫を独り占めする、お嫁さんの親に対するやっかみもあるのかもしれません。

ここでアドバイスできることがあるとしたら、「2人で決めたことを尊重しよう」と、「先方に対する配慮を忘れないようにしよう」ということです。

状況は十人十色、百人百様。一概に里帰り出産の善しあしは言えません。「普通、出産は里帰りしてするものでしょう」「そんなに長い期間帰るなんて聞いたことがない」といった、常識や周りの人の例をタテにとった主張は、争いの種にしかなりません。事前に希望があれば伝えておけばいいとは思いますが、ほかのことと同様に、パパママが2人で相談して決めたことには従うのみ、です。

きっと今頃は……
ぎーっ
ズルイっ!
お母さんただいまー!
おかえり♥ ばぁばにも抱っこさせて♥
早く早く♥

「いそいそと息子のお世話」はほどほどに……

息子の親として、里帰り出産中に息子が不自由しているのが、かわいそうに思えてしまうことがあります。

向こうは実家でのんびりさせてもらっているのに、うちの息子は自分で掃除も洗濯もして、土日はお嫁さんと赤ちゃんのところに……。

「いや〜、ずっと外食だよ。洗濯も掃除も時間が無くてさ〜。」と息子に言われて、独身時代の延長で手助けを申し出たい気持ちはわかりますが、もう彼は所帯持ちです。

彼が住んでいる場所も、「息子の家」ではなく、「息子たち夫婦の家」。お嫁さんから「留守中にちょっと片付けてくれませんか？」「鍵を預けるので様子を見に行ってくれますか？」と言われない限り、お嫁さんの承諾なく、勝手に出入りすべきではありません。

里帰り出産から帰ってくるお嫁さんと赤ちゃんのために、家の中をきれいにしてあげようという親切心も、逆の立場になると素直に「ありがとう」と言えない気持ちもあるでしょう。

よかれと思ってしたことが、息子夫婦をぎくしゃくさせたり、息子夫婦と親の関係をおかしくしたりしてしまうなんて、本当に残念なこと。出しゃばり過ぎには要注意、です。

里帰り期間はさまざま

実家にいつ帰って、出産後いつ戻ってくるかも、本当にいろいろです。

実家が近ければ出産直前から産後3週間くらいという場合もあるし、飛行機での移動が必要な距離となると、予定日の1か月半くらい前から産後2～3か月、ということも。ほかにも妊婦の体調、出産・産後の状況など、不確定要素がとても多いからです。

娘と孫を預かっている側だと、一日でも長く一緒にいたいところでしょう。でも、あくまでも「預かりもの」だということは忘れず、程よいところで名残惜しさに区切りを付けられるといいですね。

里帰りの交通手段は飛行機。予定日近くなると医師の診断書が必要だし、産後は病院の指示で1か月検診まで実家に。別居3か月はちょっと長かったかなぁと思っています。

里帰りする嫁について実家に行き、手土産と滞在中の費用をお渡ししてきました。でも、後から息子に「アレはやり過ぎ」と……。息子たちにも心づもりがあったようで、事前に相談すべきでした。

突然来ないで！ は切実なお願い

子世代からの要望で、意外に多かったのが「突然訪ねて来ないで！」というものでした。確かに「突然」は困りますよね？

「近くまで来たから」って言われても…

赤ちゃんがようやくお昼寝してくれて、自分もちょっと横になろうか……と思ったタイミングで、部屋に鳴り響くチャイムの音。

「一体誰よ！」とドアを細めに開けて外を見たら、義理母の姿。「近所まで来たから寄ってみたわ〜」と満面の笑みをたたえています。

片付けも掃除もしてない、お化粧もしてない、着替えすらしてない。でも「今日はダメです！」と追い返すわけにも行かない。

これはお嫁さんにとって、かなりツラいシチュエーションです。

親しき仲にも礼儀あり。普段の関係性にもよるでしょうが、せめて前日までに「行ってもいいかな？」と許可を得ておくのが思いやりというものです。

訪ねる方は慣れない育児がどんなに大変なのかがわかっています。本心から「どうぞおかまいなく！」「散らかっててもいいから！」と思っているでしょう。でも、彼女にしてみたら、夫の親には「いい嫁、いい母」って思われたいのです。

ジジババにしてみれば、慌てて片付けたのも、掃除が行き届いていないのもお見通しかもしれないけれど、黙って見ないふりをしてあげるのがやさしさ。

そしてひと言「慣れない育児なのに、よくやってるわねえ」と言ってあげてください。

びーびーん
あら！起きたわ♥
おかまいなくね！
散らかってて スミマセン… 今お茶いれます

ホンネde言うと…

徒歩数分の距離に住んでいるので、仕方ないとは思いますが、外出の行き帰りに「ちょっと顔を見に来たわ」と立ち寄られるのは正直ツラいところもあります。

孫の顔見たさに、毎日のように用事を作って行っていたのですが、ある日息子から「ちょっと遠慮してやって」とストップが。一瞬ムッとしましたが、落ち着いて考えてみたら無理もないかなぁと反省しました。

Column

国際結婚のカップルは？

子どものパートナーが外国籍の場合、日本人同士とは違った困りごともあるようです。でも、逆に「最初から違うとわかっているから、却ってラクだった」という意見もありました。

♫ アメリカには里帰り出産の習慣がなく、出産後もすぐに退院してしまうらしい。娘は産後実家で休ませてやりたいのだが、娘婿は家族が離れて暮すことを極端に嫌う。結局、娘夫婦丸ごと引き取って面倒を見ることで落ち着いたが、言葉も通じないし、それはそれでとても大変だった。（娘の夫がアメリカ人）

♫ 生後すぐから赤ん坊は別室で寝かせるのがイギリス流。ある程度の年齢まで川の字で寝るのが普通だと思っていたので、孫に添い寝してやらないのがとてもかわいそうに思えた。（息子の妻がイギリス人）

♫ 娘婿の両親（アメリカ人）は、アジア人の子育ては遅れていると思っているフシがあり、「文化的な子育てを教えてあげなくては」という態度らしい。いちいちビデオ通話で指図されると聞いて、ちょっとかわいそうに思える。（娘の夫がアメリカ人）

♫ 言葉の通じない日本での子育ては本当に大変なことばかりだと思うが、よくやっていると感謝している。国民性なのか、私たち両親をとても大事にして敬ってくれるので、その点でもありがたい。育児については「そんなんで大丈夫か？」と思うこともたくさんあるが、その都度言えば素直に聞いてくれるので、トラブルにはなっていない。（息子の妻がタイ人）

第2章

孫のいる日々いろいろ

おおらかに見守るのが ジジババの仕事

子世帯は慣れない子育てに右往左往。
経験者としては、
いろいろ言いたいこともあるし、
手も出したいところでしょうが……。

子育ての当事者は子世代

「孫が生まれた」の騒ぎが一段落すると、「孫のいる日常」が始まります。近くに住んでいても、遠く離れていても、孫がかわいいことに変わりはありません。元気ですくすくと、いい子に育ってほしい。少しでも多く接点を持ちたい。子世代に頼まれたら手伝ってやりたいし、自分の失敗はくり返してほしくない…。

無条件でかわいいからこそ、わが子の時とはひと味違った、さまざまな願いや思いが次々と湧き上がってくることでしょう。

でも、絶対に忘れてはいけないのは「育てるのはパパとママ」だと言うこと。もしかしたら共働きの子世代に代わって、孫育ての大部分に関わりを持つことがあるかもしれませんが、それでも子育ての主体は両親です。

祖父母世代は少し距離を置いて、おおらかに見守るというのが一番大事な役割。

親世代から見たら、子世代の手探りの子育てが、無駄な回り道をしているように思えて、近道を教えたくなるかもしれません。子世代が自分と同じ失敗をくり返さないように、口も手も出したくなるかもしれません。でも、それも含めて子育ての醍醐味であることも、私たちは経験上知っているはず。

回り道や失敗から学んだことは、少々の痛みを伴いつつも、子育てのかけがえのない思い出ともなっているのではないでしょうか。

ホンネde言うと…

子どもたちの子育てを見ていると、気になることばかり。私たちの親たちもこんな気持ちで見ていたのかと思うと、「口出ししないで！」と言った30数年前の自分が恥ずかしくなります。

わが子の子育ては妻に任せっきりでしたが、今はたっぷり時間があります。ずっと一緒にいても全然飽きない。赤ちゃんってこんなにかわいいものだったんですね。

初めての子育ては みんな神経質

子育ての先輩として、
言いたいことはたくさんあるでしょうが、
義理の親であれ、実の親であれ、
上から目線で言われて素直に納得できる
ことは本当にわずかなんです。

気が済むまで付き合って

初めての子育てはみんな神経質なものです。

たとえば、寝返りができるようになると、手に触れるものは何でも口に入れるようになります。それでも、ほ乳瓶の消毒、授乳前の乳首の消毒は続けてしまう。やめどきがわからないというのもあるし、安全のためには万全を期したいというのもあるでしょう。

そんな時期に手伝いに行って、娘から「ちゃんと消毒してね！」「そんな汚い手で触らないで！」なんて言われようものなら、「ちょっと神経質過ぎるんじゃない？」と言い返したくなってしまいます。どうせ２人目ともなれば、「ほ乳瓶って消毒するんだっけ？」というくらい、おおざっぱになるんだから、「そこまでしなくてもいいんじゃない？」と反発する気持ち、とてもよくわかります。

でも、前のページでも書いたように、ここは「自分で気付く」ということが大事なのです。人から言われたら「むかつく」「イラッとする」ことでも、自分で気付けばストンと納得できます。大きなトラブルにつながらない限り、ジジババとしては、それまで「待っていてあげる」ことも、大切なお手伝い。

「もういいよ」と言われるまでは、せめて「ちゃんと消毒したフリをする」とか、「毎回きっちり手を洗っているフリをする」くらいの思いやりを見せてあげましょう。

間違っても「意味ないわよ」なんて、一刀両断にはしないことです。

今は昔と違って 煮沸しなくても 薬に漬けとくだけで いいけど 毎日だから大変だよね…
あなた(三女)の時は 消毒なんて 一度も したことない…とは 言えないわ

※ 2021 年 3 月現在、乳幼児の食器などをどこまで消毒すべきか、とても流動的です。その時の最新の情報を参考に、決めて行くといいでしょう。

「～ができるのよ！」にカチン！

子世代からの意見で「へえ、そうなのか～」と思ったのが、「子どもを預けた後で、決まって『○○ちゃんって～ができるのよ！』と言われるのがムカつく」というもの。

「～ができる」に入るのは、お手々ニギニギだったり、目を合わせてニッコリだったり、唇をブブブっと震わせることだったり……。言ってみれば本当に些細なことなのですが、それをまるで「私が最初に見つけたのよ！」「○○ちゃんの事は私の方がよく知ってるのよ」とばかりに、「できるのよ！」と、強調されるのはイヤだということなのです。子世代には、ジジババの心の奥にある「孫を巡って張り合いたい気持ち」が、透けて見えてしまうのかもしれません。

言われた方にしてみれば「そんなの１週間前からできてました！」「そんなこと、とっくに知ってます！」と言いたくなっちゃうのだとか。

「もう～ができるの？」と疑問形にするか、せめて「～ができるのね」と「ね」を付ければ、受け取る方の気持ちは大きく違います。ちょっとしたことなのですが、気を付けたいポイントですよね。

子世代もジジババも年齢の8掛けで

今回、祖父母世代にリサーチする中で、「平均寿命がどんどん延びていて、今は実年齢の8割くらいと思ってちょうどいいらしい」という話を聞きました。

30歳のパパとママは、20代半ばくらい。まだまだ若くて、未熟で、それでも一所懸命に子育てをしている年代です。

そしてジジババの方も、60歳でも中身は50歳手前。まだまだ枯れるには早く、ついついワカモノたちに負けまいと頑張ってしまう、「若さ」があります。

そこを踏まえて、前に出たい気持ちを抑えるのが大人の知恵。先を行く者のわきまえというものではないでしょうか。

一所懸命にやっているのに、「ちょっと神経質過ぎるんじゃない？」と言われたら、どうしたらいいかわからなくなってしまいます。神経質じゃない子育てがわからないんです。

「お母さんは、『ホントにおばあちゃんなの？　お母さんかと思った』って言われたいんだよね」と娘に言われてドキリ。そんなつもりはなかったけど、無意識に張り合う気持ちがあったのかもしれません。

Skype《スカイプ》・LINE《ライン》も ほどほどに

祖父母世代が
子育て中にはなかったデジタルツール。
便利だけど、
使いすぎ、頼りすぎには要注意です。

Ｓｋｙｐｅは便利だけど……

実家から遠く離れて暮らす子どもたちに孫ができたら、なかなか会えないことにやきもきしてしまうかもしれません。

そんな気持ちを察して、やさしい子どもたちが「今はいいものがあるんだよ。スマホでビデオ通話ができるんだ」と、チャッチャとＳｋｙｐｅやＬＩＮＥを使えるように設定してくれたという人、いませんか？

デジタル機器に強いジジババの中には、自分でさっさと設定して、「ＬＩＮＥで連絡してね〜！」とリクエストしたという人もいるでしょう。

気が向いた時に接続すれば、かわいい孫がすぐそこにいるように動いて、笑って、泣いて……。自分たちが子育てしていたときにはなかった、この素晴らしいツール。ついつい毎日でもつないで、孫の顔を見たくなりますね。

でも、相手にも都合というものがあるのです。

共働き世帯では、夕方お迎えに行ってから子どもを寝かせるまでの間、目まぐるしく忙しい時間を過ごします。バタバタと帰宅し、夕飯を作って食べさせ、お風呂に入れて、寝かせるまでの間はわずか2〜3時間。そんなさ中に「ちょっと顔を見せて〜！」とリクエストされても、それに対応している余裕はないのです。

しかもビデオ通話はかわいい孫だけでなく、無情にも散らかった家の中もはっ

ばあばー
○○ちゃーん♡
お義母《かあ》さんは
「いつも部屋がスッキリしてるわね」
とおっしゃいますが
――― 実はこうなっております
Skypeエリア
ごちゃ
ごちゃ

きり映し出してくれます。ＳｋｙｐｅやＬＩＮＥのビデオ通話をつなぐには、まず掃除から、という子世帯の事情もあるのです。

時間がたっぷりあるジジババにしてみれば、１日数分くらい顔を見せてくれてもいいように思うでしょうが、逆の立場になると、それはかなりの負担です。

多くても週に１度くらい、せめて曜日や時間を決めておくというのはいかがでしょう？　スケジュールに最初から組み込んでしまえば、パパとママもそれなりの準備ができます。

その場合も、子育ての毎日は予定通りに行かないことも多い、ということは肝に銘じておきましょう。孫が疲れて寝てしまったり、熱が出たり、パパママの体調が悪かったり、夫婦ゲンカでそれどころではなかったり……。そんなこと、自分たちもさんざん経験してきましたよね。

間違っても「約束したんだから、熱があっても顔だけ見せてよ」なんて無理なお願いはしないであげてください。

同様に、今はスマホやデジカメで撮った写真を即座に送り合える時代。

フィルムを現像に出して、よく撮れたものを焼き増しし、封筒に入れて送っていた時代に比べて、なんと便利になったことでしょう。

写真の共有もほどほどに

でも、「みんなが好きな時に見られるように」と長男の孫、長女の孫……と、送られてきた写真や動画をウェブ上の共有フォルダにどんどん保存していくのはやめましょう。

それによって「○○の家族はまた旅行に行ったの？」「子どもにあんなブランド服を着せてる！」なんて、互いの暮らしぶりが見えすぎてしまうからです。仲のいいきょうだいでも、些細なことが行き違いの種になることもあります。

その場の「ノリ」で、子どもたちが「みんなで共有しようよ！」と言い出したら、「私たちももう年で、誰が誰かわからなくなっちゃうから、家族単位にしてくれない？」とストップをかけるのが賢明です。

母はＳｋｙｐｅができることと孫の様子を自慢したいらしく、誰かと会ったら必ず着信があります。正直メンドクサイ！

両親から、うちから送った子どもの写真をSNSにアップしていると聞き、驚いてすぐにやめさせました。限定公開にしてあっても、悪用されるおそれはありますから。

ビデオ通話用にタブレットをプレゼントしてくれました。でも、上手に操作ができず、イライラのタネに。誰かがやってくれないと、うまくつなげられないのです。

Zoom《ズーム》ってなんだ？

オンラインでの会議や授業に
急速に普及したのがZoomという
ビデオ会議のツール
どんなものか、ご存じですか？

大人数での会話にはとても便利

「オンラインで手軽に、大勢で会議や授業をする方法はないだろうか？」というニーズに、爆発的に利用者が増えたのが「Ｚｏｏｍ」です。

開発したのはアメリカの会社ですが、今はビジネスシーンで「ビデオ会議といえばＺｏｏｍ」というくらい、世界中に普及しています。

家族間のビデオ電話くらいなら、ＬＩＮＥやＳｋｙｐｅなどで十分事足りるでしょうが、Ｚｏｏｍにはこれらにはない、そして家族の間でも利用できる便利な機能が備わっています。ここでは、改めてその使い方を知る方法について、ご紹介します。

※最近では他社でもＺｏｏｍと同様のアプリを開発しています。自分たちが使いやすいものを選ぶといいでしょう。

使い方はネット&動画でマスターしよう！

基本、こういうデジタルのツールには紙の説明書がありません。何かといえば「トリセツ（取り扱い説明書）」に頼っていた世代には少し抵抗があるかもしれませんが、今はいいものがあるのです。

スマホやパソコンで「Ｚｏｏｍ（Ｓｋｙｐｅ・ＬＩＮＥなど）」「初心者」「使い方」「かんたん」などのキーワードで検索すると、たくさんのホームページがヒットするはずです。

その中から「更新日が新しいもの」「視聴回数が多い（たくさんの人が見ている）もの」「自分が見てわかりやすそうなもの」を選んで一通り見てみましょう。

操作方法をスマホで映し出しながら、隣のパソコンで実際に操作してみるか、子どもたちと電話をしながら、操作を教えてもらうのもいいですね。

まずは 真横で初練習
大丈夫だよ!!
も…もしもーし
見えてる？

こんな楽しい使い方もあるよ！

★大人も子どももワイワイ盛り上がろう！

❶遠くにいる家族や親戚・友人も仲間入り！

　今は国内だけでなく、国境を越えて生活する人も少なくない時代です。節目節目のお祝い事に参加できない「おじさん」「おばさん」にも、オンラインで参加してもらいましょう。

❷複数の家族で一緒に話そう！

　双方のジジババも含め、複数世帯をつないで会話することもできます。オンラインなら移動の手間も時間もなく、気軽につながれますね。

❸同じ料理でカンパーイ！

「ばぁば」得意の手料理を、クール便で事前に送り、画面の向こうとこちらで同じメニューを前にしてレッツパーティ！「おいしいね〜」「どうやって作るの？」なんて話題で盛り上がります。

それでは ただいまより「第1回オンライン親戚の会」を始めます。皆様、本日は…
おじさん、相変わらず まじめすぎーっ
ちょっと、会社じゃないんだから…

★話せなくても孫と盛り上がれる！

せっかくオンラインでつながっても、まだ話せない赤ちゃんでは、会話はちょっと無理。じっとしているのだって難しいかもしれませんね。でも、画像を共有して、一緒に遊ぶことはできますよ。

一緒に踊ろう！

リズム体操の動画を見ながら一緒に踊るのも楽しいですね。

一緒に歌おう

画面ごしに、子守唄や手遊び歌を歌ってあげることもできます。

お絵かき遊びも

絵を描くのが得意なジジババなら、孫の好きな車や電車、キャラクターなどをさっと描いて「これなんだ？」の遊びはどうでしょう？

絵本の読みきかせ

同じ絵本を用意して、読み聞かせてあげることもできます。図書館で借りてもいいですね。

離れていても楽しんじゃおう！

最新のデジタルツールを使いこなして、離れて暮していても家族としての一体感を持てるように、楽しんでしまいましょう！

複数の孫とのつきあい方を考えよう

孫が複数できると、そのかわいさにちょっと差がついてしまうことがあるかもしれません。でも、できるだけ平等に、というのがジジババの望ましい態度です。

なるべくどの孫にも同じように

授からない時にはやきもきしたのに、一旦授かると、次々に孫が生まれて、まるでわが家のベビーブーム、ということ、よくあります。

初孫が生まれて、ウキウキ、ワクワクしている間に、もう一人の子どもにも授かり、その弟や妹ができ……と、あっという間に３人も４人も孫がいるジジババになっていた、という人もいるでしょう。

そうなると、考えなくてはいけないのが、複数の孫とのつきあい方。これは、複数の子ども世帯とのつきあい方、と言い換えることもできます。

近くに住んでいて頻繁に会え、なついてくれる孫の方がかわいく思えたり、遠くに住んでいても、義両親との同居で里帰りもままならない娘の子が、ふびんに感じられたり、親心もいろいろです。

でも、今回のリサーチを通じて痛感したのは、ジジババとしては、どの子にも、どの孫にも平等に、というのが望ましい態度だということ。

特に初孫には力が入り、資金もふんだんにつぎ込みたくなってしまうでしょう。でも、金のなる木を持っていないなら、後のことを考えて、程よいところでセーブするのが得策です。

できたら、後々のために、いつ頃、何を買い与えたか、記録に残しておくといいでしょう。その子によって細かな状況は違うでしょうが、だいたい同じ時期に、同じようなものを贈ってあげるのが「平等」ということです。

中には、自分にはそれは無理だから、4人の子どもたちが結婚する時に「これで一生分。何人孫ができても、入園や入学でも、改めてお祝いはしないよ」と、一人百万円を渡したという人もいました。賛否はあるでしょうが、私はこれもいいアイデアかも、と思いました。

長男の時は10万円のこいのぼりだったのよ
えっ
そんな高いの買ったっけ？
長男家
次男家
長女家

「平等」にするにはワケがある

実は、こちらがいくら「平等に」と思っていても、相手の反応が同じように返ってくるとは限らないのが難しいところ。

男の子２人を育てた友人は、ここ数年が孫の誕生ブーム。保育園の入園や、誕生日にはだいたい同じぐらいの予算で、似たようなものを贈っています。

でも、返ってくる反応はさまざま。次男のお嫁さんは「喜び上手」で、まずお礼のＬＩＮＥが届き、衣類なら着せて、おもちゃなら持たせて、食品なら食べさせているところの写真か動画が届きます。さらに仕事から帰った息子からも、「ありがとう！　子どもも嫁さんも喜んでるよ！」と、だめ押しのお礼メッセージが。

一方で長男のお嫁さんからは、毎回コピペではないかと疑うほど「お心遣いありがとうございます。」という定型文のお礼メールだけだそうです。

彼女は、「人情としては、次男の方に手厚くしたいところなんだけど、そこをぐっとこらえて平等に、平等に、って自分に言い聞かせているの」だそうです。

というのも、彼女にも２人のお兄さんがいて、上の兄のお嫁さんは何事にも如才なく対応できるタイプ。お母さんは「何かあったら長男の嫁がちゃんとやってくれる」と期待し、さまざまな面でえこひいきとも思われるくらい差をつけていたとの事。

でも、いざお母さんが倒れたとき、長男の嫁は持ち前の器用さですっと身をかわし、最期まで変わらず淡々と面倒を見てくれたのは、普段冷淡だと思うくらい無表情だった、次男のお嫁さんだったのだとか。

「今は老後も自力でなんとかするつもりだけど、実際にどうなるかは自分で決められないから」という気持ち、わかるような気がします。

また、子どもの年が近い子世帯同士は、発育、発達、運動能力など、何かにつけて競い合ってしまいがち。その点でも、「どの孫も同じようにかわいい」「扱いには基本的に差を付けない」という態度を明確に打ち出すことは、ジジババとして大切な心構えであり、良識だと思えます。

義理母は、何かにつけて「○○のところの××もそうだったわよ」と先に生まれた長男の孫を引き合いに出してきます。安心させようとしてくれているんだと思いますが、なんかカチンと来るんですよね～。

どう見ても、うちの子より実の娘が産んだ孫たちをかわいがる義両親。うちの子もそれがわかるのか、なかなか義両親に懐きません。

手伝いもほどほどに

子世帯の大変さを目の当たりにすると、
手伝ってやりたいのが親心。
でも、「余計なお世話」と
「体力の消耗」には要注意です。

手伝いが不要になる日

孫ができて慣れない子育てに大忙しの子世帯。何くれとなく、時間のあるジジババが手伝うのは、ある意味当然とも言えます。

でも、祖父母世代からは、「ある程度孫が大きくなったら、どうやら邪魔になってきたみたい」という経験談がチラホラ……。

右も左もわからず振り回されていた時期は、とてもありがたかった両親の手助け。それが順調に成長するに従い、時間的にも精神的にも余裕が出てくると、急に重たく感じるようになってしまうようなのです。

ようやく自分たちの時間が持てるようになったのに、何をするにも、どこに行くにも、「じぃじ」「ばぁば」がニコニコと付いてくるというのは、ちょっと迷惑なんだよね、ということなのでしょう。

「さんざん世話になっておきながら、勝手過ぎる」と腹立たしい気持ちになるのもわかりますが、それは自分たちがまいた種でもあります。簡潔に言うと「入れ込み過ぎ」「甘やかし過ぎ」だったということ。

繰り返し書いていることですが、子育ての主体はパパとママ。そこにジジババがわが物顔で入り込もうとすると、必ず何かしら問題が起きてしまいます。

自分たちの体力も考えよう

もう一つ、孫育ての手伝いに伴うトラブルとして、経験者が語るのは「自分たちの体力を過信していた」ということ。

孫が生まれたうれしさに、張り切って手伝いに通ったはいいが、しばらくすると腰痛、肩こり、頭痛、血圧の上昇など、体の不調に見舞われるように

なったと言うのです。

自分が子育てしていた頃には問題なくこなせたことが、年齢を重ねてできなくなってることを、文字通り痛感させられたのだとか。医者に行って湿布と痛み止めをもらい、リハビリに通うように勧められて、思いがけない時間とお金の負担にがっくり。

現実の厳しさにショックを受けて、子どもにちょっと慰めてもらおうと打ち明けたら、「だけど、お母さんは好きでやってたんじゃない？」とか「適当でいいって言ったじゃない！　頼んだわけでもないし」なんて冷たくあしらわれ、プチッと切れて絶縁状態、なんていう人もいました。

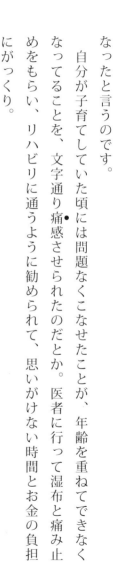

3回に1回は断る

そんな中「子世帯に孫の世話を頼まれるとうれしいんだけど、3回に1回は断ることにしている」というある友人のコメントは、本当に参考になりました。

その人によると、「孫はかわいいし、時間もあるから頼まれたらいつでも気持ちよく『いいよ』と言ってきた。でも、ある時どうしても外せない用事と重なってしまい、初めて断ったら娘がすごく不機嫌になったのよ。これはいけない、と思って」とのこと。

彼女は1日数時間とはいえ仕事もしているし、持病もあります。

自分は少々無理をしても駆けつけていたのに、「いつでも助けてくれるコンビニばぁば」と思われていたこと。そして、どうしようもないから初めて断ったのに、ブスッとされて、自分が甘やかし過ぎていたことにも気付かされたのだと言います。

とかく人というもの、してもらったことには鈍感で、してあげたことは忘れないもの。親子とはいえ、それは変わりません。

「好きでやってるんでしょ?」と言われて、「そうよ~」と気軽に言えないなら、それはやり過ぎのサイン。孫の世話は少しセーブして、自分のために時間を使いましょう。

娘の大変さを見かねて、週に数回電車で1時間ほどかけて通っていました。でも、帰りの電車で寝過ごすなど、体力的にも精神的にもクタクタ。本当に大変な時だけ行くようにしました。

妻に頼まれて娘の家までの送迎ドライバーを。でも、行っても自分にすることはないし、狭いアパートに居場所もない。大して感謝されるわけでもないので、「電車で行け!」と怒鳴って夫婦ゲンカになりました。

嫁、婿の実家と張り合わない

祖父母世代にリサーチしていると、
両家の経済格差の話になることがたびたび。
かわいい孫を巡って
意地の張り合いになったり、
関係がこじれるのは避けたいですよね。

孫を通して見える経済格差

孫ができたことによって、これまで見えなかったもの、気にならなかったことが、急に表面化することがあります。その一つが、嫁・婿の実家との価値観や金銭感覚の違いです。

結婚式の時には準備期間も短く、子どもたち主導。その中で「あれ？」と思っても、慶事に免じ、目をつぶってやり過ごすことができました。でも、孫にまつわるあれこれは、成長に伴う節目のイベントも数多く、長い期間、複数回にわたって接点があります。そうなると、一々気になるもののようです。

「そこまでするの？」「え？　そんなお店で会食するの？」「そんなものを贈ったの？」……。

特に相手の方が、経済的に余裕がある場合には、それがイライラの種になってしまいます。

祖父母世代へのリサーチでも、この問題はけっこう複雑で根深いものがあるようで、正直「気にしない」という以外の対策は見つかりませんでした。

年金生活になって、十分な蓄えもないジジババと、手広く商売や事業を展開して、現役時代と同じような収入があるジジババが、経済力で張り合えるわけはありません。

だからこそ、「気にしない」という以外の対策はないのです。自分たちだって余裕があれば、「そこまでする？」というくらいつぎ込んだかもしれません。相手が「金にモノを言わせて」買ったり、したりすることは、極力見ないように、聞かないようにすること。

そして、自分たちは割り切って、お金のかからない方法で孫と楽しめばいいのです。幸いなことに、孫はお金をかけた方に、より懐く、という法則はありません。これは「救い」と言えるのでは？

ワンワンワン
わんわん♪
わんわん♪
私もー
お金をかけなくても
孫と遊ぶ方法はたくさん！

余裕のある方が、ない方に合わせる

実際のところ、こういう場合は、余裕がある方がない方に合わせるのが良識というもの。高級レストランで大盤振る舞いをして「費用はこちらが出しますから気にしないでください」と言われても、言われた方は「ラッキー！」とは思いません。

リサーチした年金暮らしの友人は、手広く商売をしているお嫁さんの親から、「お金のことなら心配しないでくださいね。娘にたっぷり渡してありますから！」と、はっきり言われて、なんとも言えない複雑な気持ちになったと言っていました。どう考えてもこれは相手への配慮が足りませんよね。

両家が関わる行事では庶民的なお店を選択するとか、お店選びも費用も子世帯に任せ、陰でそっと、かかった分を負担してやるとか、方法はいくらでも考えられます。

どうしても子どもや孫に贅沢をさせてやりたい、と言うなら、自分たちだけの時にすれば、余計な摩擦は避けられるでしょう。ちょっとした配慮で気持ちよくお付き合いできれば、子どもたちも孫もみんなハッピーです。

子世帯とも気持ちよく割り勘

孫の世話をしている時にかかった、紙オムツなどの消耗品の購入も、度重なるとかなりの金額になります。親としては、子どもに「お金がない」とは言いにくいもの。そして、こういうことに子世帯は意外に鈍感なのです。

負担感が積み重なって行く前に、「お世話はいくらでもするから、かかった実費は負担してね」と伝えておきましょう。

外食やレジャーの費用についても、こちらは普段から節約して、苦労して捻出しているのに、いつの間にか「出してもらって当然」になりがちです。

これも「お出かけはいつもニコニコ明朗会計！割り勘で行こうね！」と決めておきましょう。

孫はかわいい。でも、向こうの親みたいに、しょっちゅうテーマパークに連れて行ったり、ブランドの洋服を買ったりはできません。息子は「気にしなくていいよ」と言ってくれるのですが……。

何か消耗品を買ったら、「立て替えといたよ！」というメモをつけたレシートを、目に付くところに置いておきます。口で「払ってね」と言わなくてもちゃんと出してくれます。

Column

孫がかわいい？　わが子がかわいい？

今回祖父母世代へのリサーチで、「孫は理屈抜きでかわいい」「孫こそ、目の中に入れても痛くない」というものと、「私は孫より自分の子どもがかわいい」「孫を大事にするのはわが子がかわいいから」というものの２種類の意見がありました。

一般的には「祖父母は孫を猫かわいがりするもの」と考えられています。さまざまなメディアでも、そういうジジババ心を前提に孫との関係が組み立てられていることが多いのは事実。

もちろん、「子どもより孫がかわいい！」と、心から思っているというジジババはたくさんいるでしょう。でも、そうじゃない人もいるということも、もう少し知られてもいいのではないかと思うようになりました。

後者のジジババは「孫よりわが子がかわいいと思う自分は、ちょっとおかしいのでは？」とか、「子どもより孫がかわいいと思えない自分は、間違っているのかなぁ？」などと、身近な人にも打ち明けられず、密かに悩んでいることも多いようです。

今回の企画段階でリサーチしたときにも、最初は一般的なイメージ通りに「孫はかわいいって聞いてたけど、本当にその通り！」「孫はかわいいわよ〜。何でもしてやりたくなる！」と言っていた人たちが、じっくり話を聞くにつけ、「実は……」と打ち明けてくれる、ということが少なからずありました。

「せっせと娘のところに通って孫の世話をするのは、娘を楽にしてやりたいからなのよ」とか、「私が行って助けてやらないと、息子が同じ事を（おヨメさんに）やらされるからね〜」などと、心の奥にあるホンネをポロリとこぼしてくれたのです。

さて、この本を手にとってくださったアナタは、どちらでしょうか？

第3章
イマドキの子育て

アレルギーの基本を知っておこう

孫のアレルギーについて、
心を痛めているジジババも
多いことと思います。
ここで改めて、
アレルギーについて調べてみました。

日進月歩のアレルギー研究

祖父母世代が子育てをしていた頃は「この世にアレルギーというものがあるのだ」ということが広く知られるようになった時期と重なります。

わが子がアトピー性皮膚炎、気管支ぜんそく、食物アレルギーなどで、とても大変な思いをしたジジババも多いでしょう。孫がアレルギーだと言われても「大変だけどなんとかなるわよ」と明るい見通しを伝えてくれるのは、子世代にとっても心強いと思います。ただ、自分の経験を過信するのは禁物です。

アレルギー関連の研究調査はこの20年で大幅に進んでいます。これまでわからなかったことが解明されたり、常識とされていたことが翻されたり、新しい治療法が検討されていたりするからです。自分たちの経験がそのまま通用しないことも多いと心得ましょう。

患者数は？　原因は？

アレルギーの患者数は、アトピー性皮膚炎・食物アレルギーについては横ばい。気管支ぜんそくは乳児や高校生では横ばい、小学生で急増です。

また、アトピーとぜんそく、食物アレルギーとアトピーなど、複数のアレルギーを併せ持つ、複合型の患者が多いのは、昔も今も共通しています。

厚労省では、アレルギーを国民の約半数が罹《り》患《かん》する国民病と位置づけ、さまざまな対策を打ち出そうとしているところ。

アレルギーの原因については、「大気汚染」「食品添加物」「腸内環境の乱れ」など、さまざまな説があります。

しかし、今のところいずれの説も科学的に証明されてはいません。

アレルギーに関する最新の知識

アレルギーは「先進国病」？

アレルギーについては、発展途上国での発症が極端に少ないことから「先進国病」と言われることもあります。研究者の中には、アレルギー自体は悪いことではなく、人間の体が環境に適応しようとして起きている、と考える人もいるそうです。ただ、これもまだ仮説の域を出ていません。

妊娠中・授乳中の過ごし方が原因？

妊娠中・授乳中の過ごし方や食生活が、子どものアレルギー体質の形成や強化につながると言われた時期は確かにありました。それで、妊娠中には牛乳や卵などアレルゲンを含む食物の摂取を制限した方がいいという指導がされたことも。でも、現在では両親の体質を遺伝的に受け継ぐことはあっても、母親の生活習慣や食習

慣が影響することはないと結論づけられています。

自分の子どもがアレルギーを発症せずに育ってきたとしても、遺伝子として持っている可能性はあります。「うちの子はアレルギーがなかったから、嫁や婿のせいだわ！」なんて決めつけないことです。

母乳かミルクか

母乳育児の赤ちゃんはアレルギーの症状が軽い、ミルク育ちだから症状が重くなる、と言われたこともありましたが、今はこの説は否定されています。

離乳食開始は遅いほどいい？

離乳食の開始時期を遅らせることが、発症の予防や症状の軽減につながるという説があったのですが、最近ではあまり関係がないと言われています。

少しずつ与えた方が症状が軽くなる？

医師の厳格な指導の下で、一旦徹底的にアレルゲンの除去を行ない、その後ごく微量ずつ負

荷をかけていくという治療方法があります。

ただ、これはあくまでも「医師の厳格な指導の下」行うべきことであり、素人が自己判断で行うと万一の場合非常に危険。命に関わります。

育児ブログなどに「こうやればうまくいく」と書かれていることは、たまたまその人の場合はうまくいった、と考えましょう。間違っても、たまに会ったジジババが「厳しい制限はかわいそう。このくらいならいいんじゃない?」と、勝手に除去している食物を与えてはいけません。

アナフィラキシーとは?

アレルギーの症状が、全身にわたり、複数の臓器(皮膚、粘膜、呼吸器、消化器、循環器など)に現れることを言います。

症状が進むと、強いショック症状を起こし、ぐったりして意識がなくなったり、血圧が急激

に低下してしまうことも（アナフィラキシーショック）。こうなったら一刻も早く病院に連れて行かねばなりません。もし、エピペン®（アナフィラキシー補助治療剤）を処方されていたら、まずそれを用い、この場合も症状が落ち着いたらすぐに病院に連れて行きます。

主治医にエピペン®を処方されている孫を預かるときには、使うタイミングや使い方をよく聞いておきましょう。また、注射によって一旦症状が治まった後も、時間をおいて再び強い症状が出ることがあるので、必ず、すぐに医師の診察を受けてください。

お風呂上がりのスキンケアは効果的？

これにもいろいろな説はありますが、水道水に含まれる塩素が肌の水分を奪い、カサカサと乾燥させるのは確か。シンプルなローションやクリームで保湿するのは効果的です。負担のない範囲で、安心安全なものを選びましょう。

オーガニックフードにするといいの？

オーガニックに限らず、ヴィーガン、マクロ

ビオティックなど、体にいいものを食べることによって、アレルギーなどの体質を改善していこうというやり方が広く普及している事は確かです。ただ、それが万人に効果があるかというと、そうとも言えません。

もちろん、添加物がたくさん入った食品より、安心・安全・自然なものをという方向性は間違ってはいないとは思いますが、それは経済的に負担がかかることでもあります。それで「高くて子どもに買ってやれない私は悪い親だ」とパパやママが自分を責めることがあるとしたら、そちらの方が問題です。

ジジババとしては、かわいい孫のためにいいと言われれば、お財布の紐もゆるむというものでしょう。でも、食品に限らず、高価なものを買ったから、その価格に見合った効果があるというものでもありません。間違っても「高いのを買ってあげたけど、効果はあったかしら？」と、パパママをせっつくようなことはやめましょう。

気持ち的にもお財布的にも
できる範囲で！
ORGANIC

子世代主導で試行錯誤を

　いずれにしても、医療機関などを通じて、最新の情報に触れる機会が多いのはパパママ。そして、どの情報にアクセスするかで、対応が微妙に違うのも、「これ！」という原因や、絶対的な治療法が見つかっていないアレルギーならではです。ジジババが、孫のためによかれと思って調べた結果が、パパママが選択した治療方針と違うことは大いに考えられます。

　正解がない以上、孫の成長や症状の変化を共に見守り、常に最新の情報を提供してくれる、信頼できるドクターなど専門家との出会いが一番のポイント。パパママ主導で試行錯誤しながら、その子に一番いい方法を見つけ出していきましょう。

※アレルギーに関する項目は、認定NPO法人 アトピッ子地球の子ネットワーク (https://www.atopicco.org/) の協力を得て構成しました。

義実家には室内飼いの犬がいて、子どもを連れて行くたびにアレルギーの症状が悪化します。夫から「子どもを連れて行くとき、ペットは別の部屋に閉じ込めておいて」と頼んでもらったんですが、義理父から「そんなかわいそうなことはできない!」と激怒されました。

孫はひどいアトピーです。うちの子たちはアレルギー知らずで育ったので、「あなたの家系ね」とおヨメさんに言ったら、「あれ？　でも○○さん（息子）ってひどい花粉症ですよね?」と。確かに息子もアレルギー体質でした。ごめん！

育児の常識は時代で変わる

アレルギーと同様、子育てに関する知識は日々更新されています。
祖父母世代も柔軟に対応していけるといいですね。

子育ても変わってきました

「じぃじ」「ばぁば」になった友人たちや、わが家にやってくる若いパパママからの話を聞いて驚くのは、自分の子育て時期に当たり前にやっていたことが、今は絶対ダメと言われたり、その逆の場合がけっこうあるということです。

子世帯は、子育ての最新情報をまとめた小冊子やガイドブックをいくつも手にすることでしょうから、不要なものを回してもらい、ざっと目を通しておくようにしましょう。

また、共に子育てを担う祖父母世代のために、自治体がガイドブックを作成している場合もあります。インターネットからダウンロードできるものを巻末にまとめましたが、自分の暮らす自治体でも作成していないかどうか、確認してみるといいですね。

今はココが違う！

口移しはダメ！「フーフー」も避けよう！

大人の口から赤ちゃんの口に、虫歯菌が移行することにより、赤ちゃんの虫歯リスクが大幅に高まることがわかってきました。

以前は大人の口の中で一度噛みくだいた食べ物を赤ちゃんに与えていましたが、実はこれが一番問題。ほかにも『フーフー』と口で吹いて冷ます」「大人の箸で赤ちゃんに食べさせる」「赤ちゃんの手や口にキスする」なども、避けた方がいいということです。

そこまでしても虫歯菌はうつるという専門家もいますが、2歳半までの口の中の細菌環境が、一生のお口の健康を左右することもあるのだそう。ここは、ジジババもできるだけ協力してあげましょう。

ほら、ばあばの
おいもも
あげるよ
あーん
あーん

ミルクでも母乳でも

まだまだ母乳信仰が強い日本ですが、今は世界的にも母乳でもミルクでも問題なく発育・発達すると言われています。母乳の出にくいママが、必要以上に頑張り過ぎないように、余計なプレッシャーはかけないであげましょう。

「え？　ミルクにしちゃったの？」とか、「おっぱい足りてないんじゃない？」は絶対禁句です。

果汁やスープは5か月過ぎから

昔は生後３か月を過ぎたら、「お風呂上がりにお白湯や果汁を薄めたものを与えるように」とか、離乳食の準備に「味をつけていないスープやだし汁を与えるように」と言われていました。しかし、今は果汁の早期摂取や摂りすぎ、早期のスプーンの使用などが問題視されています。離乳食と同じように生後５〜６か月過ぎまでは、母乳とミルクだけで十分という指導が主流です。

日光浴は不要

赤ちゃんは適度に日光浴させないと、ビタミンDの欠乏症になると言われていました。それが今はオゾン層の破壊で紫外線が増加したこともあり、外の空気や温度差に慣らす「外気浴」が勧められています。紫外線が強い時間帯には、なるべく室内で過ごし、どうしても外に出るときには帽子や羽織り物で直射日光を避けるようにしましょう。

うつぶせ寝はさせない

以前は赤ちゃんをうつぶせにした方が、よく眠るし、頭の形もよくなると言われていました。でも、今は乳幼児突然死症候群（ＳＩＤＳ）との関連が指摘され、特別な場合以外は仰向け寝が勧められています。

断乳ではなく卒乳

１歳になるまでに、おっぱいをやめて食事から栄養を摂るようにと勧められていましたが、今は自然におっぱいから離れるまで授乳を続けてもいいと言われています。親が主導でおっぱいをやめる「断乳」から、自然に離れて行く「卒乳」へと、表現も柔らかくなっています。

トイレトレーニング

「立って歩けるようになったら」、とか「『ウンチ』『チー』と言えるようになったら」「2歳までには」、など、オムツは成長の節目で早めに外すのが良いと言われていました。でも、今は子どもの体調や発達の様子を見ながら、無理なくのんびり外すように言われています。

抱きぐせは心配しなくていい

赤ちゃんの求めに応じて、頻繁に抱っこすると、抱きぐせが付いてしょっちゅう泣くようになると言われていました。

しかし今は、満足するまで抱いてやった方が、子どもの情緒が安定するという説が支持されています。

オチンチンの皮はむかない

オチンチンの皮の裏側にアカが溜まって炎症を起こす、「亀頭包皮炎」を防ぐため、お風呂ではそっと皮をむいて洗うように指導されたこ

とがありましたが、今はその必要はないと言われています。

また、お風呂上がりのベビーパウダーも、皮膚の炎症を悪化させるおそれなどがあり、今は勧められなくなっています。

ハチミツは1歳過ぎてから

２０１７年に、乳児ボツリヌス症で生後６か月の赤ちゃんが亡くなったのは記憶に新しいところ。

腸内環境が整っていない赤ちゃんには、ハチミツは与えてはいけませんし、同様にハチミツが含まれているコーンシロップなどの飲食物も与えるべきではありません。ただ、母乳を与えているママがハチミツを摂取しても、それは問題にならないとの事。混同しないようにしましょう。

大人の唾液経由で虫歯菌がうつるのはわかっていても、うれしそうに「フーフー」している義父母に「やめてください！」とは言いにくいです。さりげなく健診でもらってきたパンフレットを目に付くところに置いたけど、読んでくれた様子はないし……。

自分が育てた時のようにしようとすると、「それはダメ！」「あ、やめて！」と娘からストップが。かわいい孫に触るのもビクビクしちゃいます。もう少しおおらかでもいいんじゃないの！？

いくら抱きぐせは付かないからと言っても、実家に着いたところから帰るまで、「じぃじ」と「ばぁば」が交代で抱っこしているのはどうかと思います。甘やかし過ぎじゃないかなぁ？

楽しく安全に「みんなでご飯」

乳幼児が出遭うアクシデントには
飲食しているときのものが
少なくありません。
ちょっとした配慮で安全に楽しく
食事やおやつを楽しみましょう。

「大人と同じ」はずっと先

卒乳や離乳食が進んでも、大人と同じものが食べられるにはまだまだいくつものステップがあります。ほしがる様子を見せるからといって、何でもポイポイと口に入れてやるのは待って。また、69ページに書いたように、口移しや「フーフー」も厳禁です。

食べ物に関して、一番怖いのは喉に詰めてしまうこと。木の実やプチトマト、ブドウ、煮豆のように、ツルンと喉に入り込んでしまうものは、必ず小さくしてから食べさせましょう。グミや小粒のクラッカーなどでの窒息も起きています。

お刺身や生卵など生ものも、消化する能力、寄生虫や細菌の心配、またアレルギーの観点からも、乳幼児に積極的に食べさせる必要はありません。また、初めて食べさせるときには、ごく少量から、が基本です。

安全で楽しい食卓は？

「ごはんの前には手を洗おう」というのは、安全に食事をするために昔から言われてきたことですが、さらに「お手ふきタオルは共用しない（できたら使い捨ての濡れティッシュなどを活用する）」「大皿から取り分けるときには、取り箸やトングを用意する（これもできるだけ共用はしない）」という点にも配慮すれば、さらに安心です。大勢が集う場では、大皿から取り分ける料理が中心になりがちですが、乳幼児の分はあらかじめ取り分けておくといいですね。

また、人はお酒が入ると楽しさのあまり暴走してしまいがちなものです。調子に乗って「チュー」したり、大人の箸で食べさせてしまったり、食べかけのものを与えてしまったりしないよう、ジジババ自身が気をつけると共に、そういう人がいたら、年長者としてうまくブレーキをかけてあげるようにしましょう。

もう一つ、楽しい食卓にするには「好き嫌いなく何でも食べる」にこだわりすぎないこと。これは最近あまり強く言われない傾向があります。孫だけでなく、お嫁さん、お婿さんにも「ちょっと食べてみなさいよ。おいしいから！」などと、苦手なものを無理に食べさせるのはやめましょう。

車に乗せるなら ベビーシート！

法律で定められて20年以上たつのに、
未だに「おひざに抱っこ」で
赤ちゃんや子どもを車に乗せている人が
目に付きます。
大切な孫の命を守るためです。
ちょっとそこまでの数分間でも、
事故は起きますから。

間違った拡大解釈

２０００年に、６歳未満の子どもを車に乗せるときには、ベビーシートやチャイルドシートを使わなくてはならない、という法律が施行されました。

でも、いまだに「ちょっとの間なら大丈夫」「たまに乗る車では使わなくてもいい」という間違った思い込みで、使用しない人が多いのに驚かされます。

使用を免除される数少ない例外は、バスやタクシーに乗るときと、応急救護のために病院などに運ぶとき。

これが「たまにならいい」「病気ということにすればいい」という間違った拡大解釈を生んでいるのかもしれません。

たとえ短時間でも、事故に遭うおそれはあります。そのときに付けていなかったことを後悔しても、もう遅いのです。

基準を満たしたものを使う

同じように、「座布団やクッションで座面の高さを調整して、シートベルトを付ければいい」とか、「シートベルトをした大人が抱いていれば安全」というのも、間違った知識だし、とても危険。使用が認められるのは「道路運送車両の保安基準を満たしたもの」に限られているのです。

ベビー（チャイルド）シートは、脱着が複雑なので、ごく短時間使うために子世帯の車から移し替えるのは意外に面倒。でも、何台も新品を購入するのは、負担が大きすぎます。レンタル、リサイクルなどを上手に利用して、大事な孫を守りましょう。

実家では車がないと生活できないのですが、1週間程度の滞在にベビーシートを買うのは……。自治体などで、不要品を安くレンタルしてくれたらいいのになあと思います。

うちの車にチャイルドシートを付けたはいいが、座り心地が違うのか、暑いのか、ずっと泣きっぱなし。ちょっと下ろして抱いてやれば泣き止むと思うのですが、娘は「絶対ダメ！」と。運転していても落ち着かず、困りました。

※各地の交通安全協会には、短期で貸し出せるベビーシートを確保しているところが何か所かあります。お住まいの協会に一度確認してみるといいでしょう。

子育て便利グッズいろいろ

子育てに関するグッズ類も、
次々と新商品が開発されています。
祖父母世代が子育てしていた時に
「こんなのがあればなぁ」と思ったものは、
ほとんど商品化されているかも。

便利なモノ、使ったらダメなの？

パパママへのリサーチで、祖父母世代への不満として上がってきたのが「便利グッズを使っていたり、買おうとしたりすると『本当にそれ、必要なの？』と不満そうにされる」ということ。ほかにも「そんなものに頼っていいの？」と言われてムカついた、という意見もありました。

自分たちが子育てしていた頃だって、同じように言われたら「カチン」と来たはず。でも、何十年か経つと、すっかり忘れてしまうんですね。

育児中に感じるちょっとした不便も、積み重なると大きなストレスになります。それを解決してくれるグッズがあれば、使ってみたいと思うのはある意味当然のことです。批判的に見ないで、「ちょっと使ってもいい？」と一緒に使ってみませんか？

たとえばこんなものがあります！

ここでは、イマドキのママたちが「コレ、よかったよ！」というグッズをいくつか紹介してみます。

ただ、人気のグッズとはいえ、すべてのママが便利だと思うわけではありません。「これ、よさそう！」と、購入する前に、ひと言相談してあげてください。

また、「せっかく買ってあげたのに、全然使わない」と、不満をぶつけるのもお門違い。「買ったけど結局使わなかった」「子どもが嫌がって使えなかった」というものが多いのは、昔も今も育児グッズの大きな特徴です。

ベビーソファー

南アフリカのおじいちゃんが、孫のために考案したという、「バンボ社」のものが有名。ソフトな素材の赤ちゃん用イスです。赤ちゃんをすっぽり包み込むタイプなので、首がすわった

頃から1歳過ぎまで使えます。

大きな赤ちゃんだと、脚が入らないとか、ホールドが不十分で勝手に出てしまうとか、うまく使えないこともあるそう。でも、「コレがないと困る」と言うパパママも少なくありません。

バウンサー（ゆりかご）

ゆりかご自体は大昔からある育児グッズですが、今のトレンドはメッシュ素材で、金属のバネを利用したタイプ。角度の調整ができ、寝かしつけにも、食事用にも使えるものもあります。軽くて折りたたみができ、持ち運びが簡単にできるのも、好まれる理由の一つのようです。

保冷・保温パッド

ベビーカーやベビー（チャイルド）シートの、赤ちゃんの背中が当たる部分に付けて使います。冬は電子レンジで温めて、夏は冷蔵庫で冷やし

て、赤ちゃんが快適に過ごせるようにするグッズ。昔は、夏に背中のところにタオルを挟んであげたりしましたよね？

抱っこ紐

抱っこ紐は無数にありますが、中でも街でよく見かけるのは、「エルゴ」の商品や、それに似たデザインのもの。「エルゴ」は新生児（専用のパーツが必要）から体重20キロまで、長期間使えます。ホールドがしっかりしていて、大人の肩や腰への負担が軽いのも人気の理由。少々お高いのですが、耐久性があるので2人目、3人目でも使えて、十分元がとれるのだそうです。人気のあまり、安さをウリにした偽物やコピー商品も出ていますが、外見は似ていても、正規品とは全く別物らしいので、ご注意を。

バスチェア

核家族で、一人で赤ちゃんをお風呂に入れることが多い家庭では必需品だそうです。先に紹介したバンボをお風呂で使っている人もいるようですが、バンボ社は公式にお風呂での使用を

ポケットに
収納できる
フードは
首カックン防止や
日よけに！
フード

推奨していません。やはり専用のものは安心ですね。

一時、赤ちゃんの首に付ける浮き袋状のグッズが大流行しましたが、ちょっと目を離したスキに赤ちゃんが抜け落ちて溺れたり、サイズが合わずに赤ちゃんの鼻や口をふさいだりすることがあり、注意喚起がなされるようになりました。お風呂用ではなく、ベビースイミングのために開発された商品なので、使用するときには注意事項をよく読んで、安全に留意して使いましょう。

おしり拭きウォーマー

寒い夜など、冷たいおしり拭き用のウエットティッシュで赤ちゃんが目を覚ましてしまわないように、温めておく電器製品です。

コードレスで使えたり、車の電源でも使える

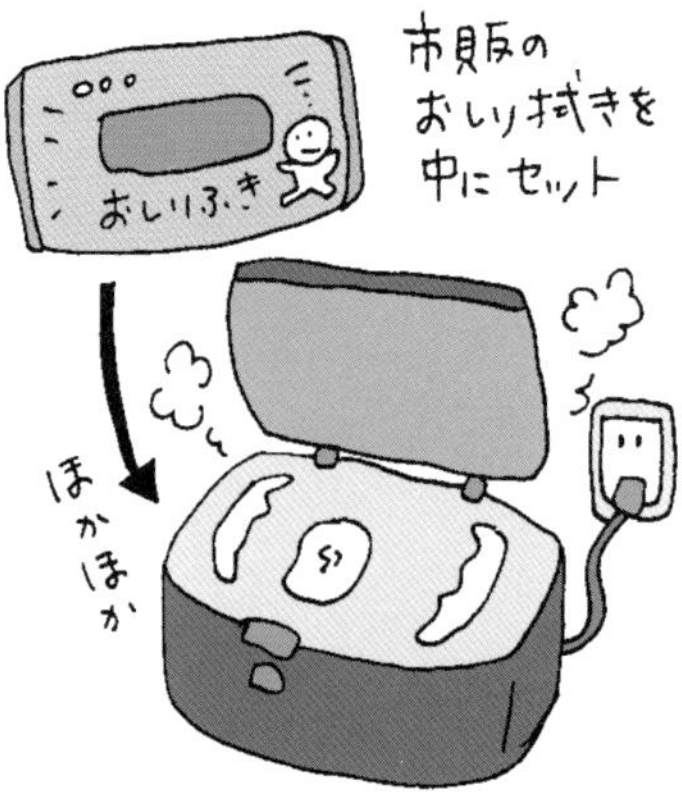
市販の
おしり拭きを
中にセット
おしりふき
ほかほか

など、さまざまな種類があります。よく比較して、ニーズに合わせて選びましょう。

オムツ処理機

夏場など、室内に置いておくと臭いが気になる使用済みのオムツ。専用のロール状になったゴミ袋に消臭芳香剤が入っていて、臭いを抑えてくれます。一旦捨てたら後は汚れたオムツに一切手を触れずに処理できるようになっているところがウリ。

生ゴミ用の蓋付きゴミ箱にゴミ袋をセットして、消臭芳香剤を貼り付けておけばいいとも言えますが……。

スマホやタブレット遊ばせていると「それ、よくないらしいよ！」って言われます。でも、コレがないと、なんにもできないんです。そのあたりの事情もわかってほしい。

義理母は、私が「便利ですよ」と言ったものを、すぐに数か月違いで出産した義妹に買い与えます。私たちは自分のお金で買っているのに……。なんか商品モニターにでもなったみたいな気持ちです。

保育園に入れたい！

共働き家庭では、
保育園に入れるかどうかは大問題。
そして、うまく入れたとしても、
働きながらの子育ては大変。
「じぃじ」「ばぁば」、期待されてるかも？

保育園落ちた。日本死ね！

'80年には専業主婦世帯が共働き世帯の約2倍でしたが、２０１９年のデータでは、完全に逆転しています。それだけ女性の社会進出が進んだ、という考え方もできますが、どちらか一方の収入だけでは、自分たちが考えている生活レベルが維持できないという経済的な事情が大きいのかもしれません。

また、私たち祖父母世代の苦い経験から、一度やめたらもう元の職場には戻れないとばかり、「大変でもやめない選択」をする人も増えているようです。いずれにしても、共働きを続けたい場合、保育料の負担は相当なもの。認可保育園に預けることができるかどうかは、その後の生活を大きく左右します。まさに一時話題になった「保育園落ちた。日本死ね」と言いたくなるくらいの、切実な実態があるのです。

認可保育園と無認可保育園

保育園には園児1人あたりの保育者数や、広さなど、さまざまな基準を満たした認可保育園と、そうではない無認可保育園の、大きく分けて2種類があります。認可保育園には、国や自治体から補助金が出るので、保育料は比較的低く抑えられます。でも、その分入園希望者が多いので、全員が希望通りの園に入れるわけではなく、「待機児童」として問題になっているのです。

認可保育園は、親の就労状況、子どもの数、障害の有無など、さまざまな要素を点数化して、より必要度の高い人から入所が認められます。

乳児は幼児に比べて定員が少ないので、特に育児休暇明けの入園は狭き門。一旦、無認可保育園に預けて復職し、転園などで欠員が出るのを待つ人も少なくありません。

認可はいい。無認可は劣る？

認可保育園は一定の基準を満たしていることは確か。でも、無認可保育園がすべての面で認可保育園に劣るのかというと、必ずしもそうとは言えません。限られた条件の中で、より質のいい保育を提供しようとしている無認可保育園もありますし、悪く言えば「基準を満たしているだけ」の認可保育園もあるからです。

いずれにしても、施設が提供する情報を鵜《う》呑《の》みにせず、足を運んで実際の保育の様子を見学し、預けている人の評判もチェックするのはとても大切。

時間的な余裕がない子世帯に頼まれたら、情報収集を引き受けてもいい

専業主婦世帯と共働き世帯　1980～2019年

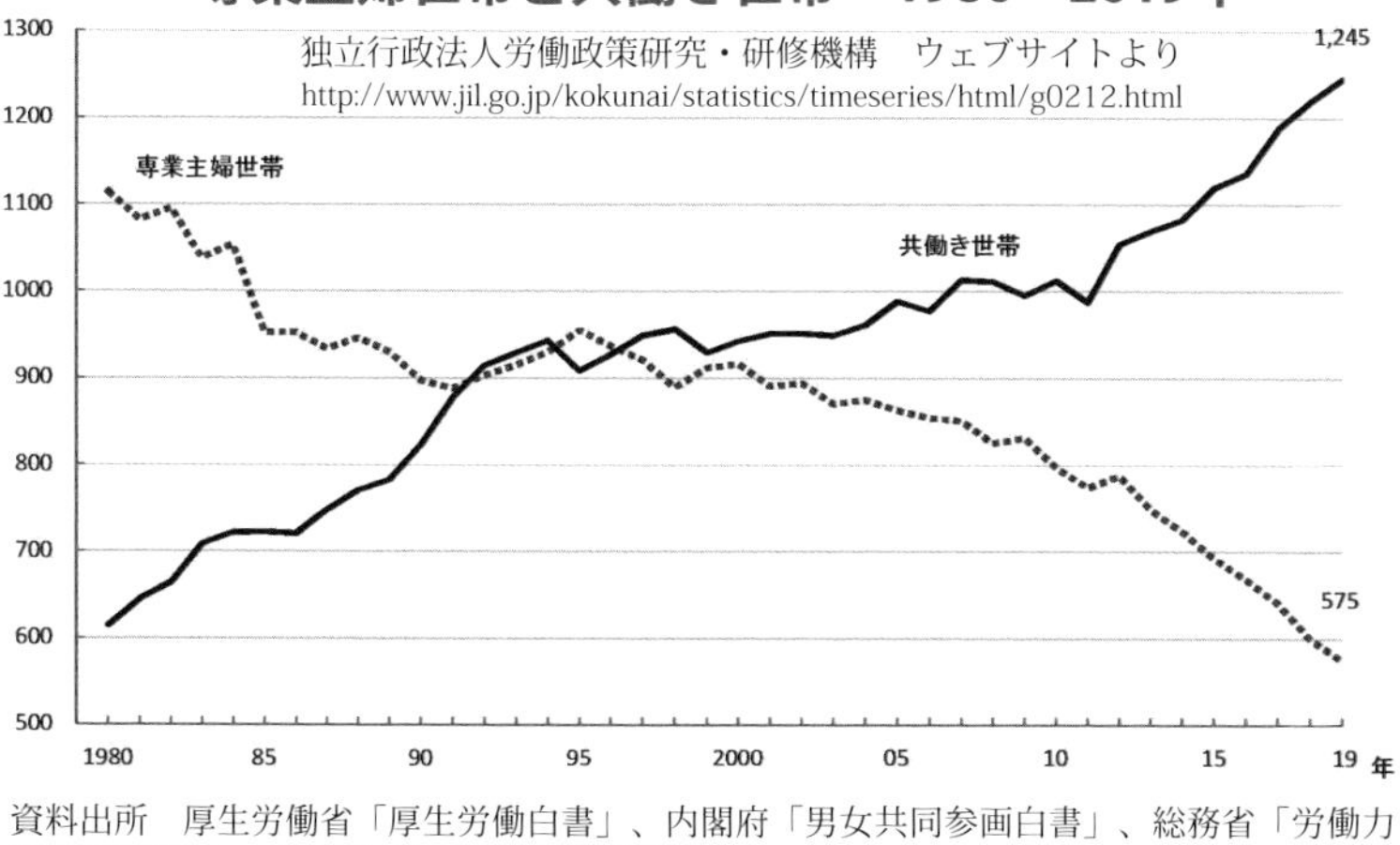
万世帯
独立行政法人労働政策研究・研修機構　ウェブサイトより
http://www.jil.go.jp/kokunai/statistics/timeseries/html/g0212.html
1300
1200
1100
1000
900
800
700
600
500
専業主婦世帯
共働き世帯
1,245
575
1980
85
90
95
2000
05
10
15
19
年

資料出所　厚生労働省「厚生労働白書」、内閣府「男女共同参画白書」、総務省「労働力調査特別調査」、総務省「労働力調査（詳細集計）」

注1　「専業主婦世帯」は、夫が非農林業雇用者で妻が非就業者（非労働力人口及び完全失業者）の世帯。
注2　「共働き世帯」は、夫婦ともに非農林業雇用者の世帯。
注3　2011年は岩手県、宮城県及び福島県を除く全国の結果。
注4　2013年～2016年は、2015年国勢調査基準のベンチマーク人口に基づく時系列用接続数値。

ですね。

大変なのは、複数の子どもたちを別々の園に通わせねばならない場合。第一子は定員の増える3歳から認可園に入れたけれど、育休明けの下の子は同じ所に入れず、別の無認可園に預けなければならない、というのはよくある話です。朝晩の1日2回、大人の世話がないと着替えもできないような子どもたちを、別々の預け先に送迎すると考えただけで気が遠くなります。

でも、これが今の子育ての現実でもあるのです。

そこまでして働くの？　と言わないで

子世代からのヒヤリングでは、祖父母世代から暗に「そこまで無理して働かなくてもいいんじゃない？」という視線で見られるのがツライ、と感じている人が多いことに驚きました。

確かに祖父母世代では、専業主婦として子育てする人が多かったので、共働き世帯の苦労や事情がわからない、ということはあるかもしれません。

体調やご機嫌の良くないときも、幼い孫を起こして支度させ、バタバタと保育園に送っていく様子を見ていると、「そこまでしなくても」と言いたくなる気持ちもわからないではありません。

でも、だからこそ、可能な範囲で支えてあげてほしいと私は思います。

私も30年前、保育園に預けて働くお母さんでした。そしていまだに、「どうしよう！　保育園のお迎えに間に合わない！」と焦って電車に駆け込む夢を見ることがあります。大事な予定がある日に限って熱を出すわが子を、かわいそうと思うより前にイラっとしたこともありました。そしてあの頃、そんな自分を支えてくれる人がいたら、どんなに心強かっただろうと思うからです。

今は産休や育休、時短勤務、延長保育や宿泊保育、病児保育など、共働き家庭を支援するさまざまな制度が充実しています。でも、まだまだ利用したいときに気軽に利用できるような状況にはなっていないのです。

そんな中、電話やメールで「助けて！」と言ったら駆けつけてくれる、そんな身内に勝る心強い味方はいません。

具体的に駆けつけて手助けできなくても、せめて「そこまでして働くの？」なんて言わず、「よく頑張っているね」「できることがあったら言ってね」と、ねぎらいやサポートの言葉はかけてあげてください。

困った時のジジババ頼み、にとどめる

頼られたらどこまででも助けてあげたくなるのがジジババ心です。でも、50ページでも書いたように、入れ込みすぎはお互いのためになりません。

毎朝毎夕の送り迎え、通院、習いごとの送迎まで、全部ジジババが担当するのは、ちょっとやり過ぎかも。あくまでも子育ての主体は子世帯ですし、そこまで関わりを持ってしまうと、自分の自由が利かなくなり、それが後々ストレスになることもあり得ます。

「こんな時にじぃじ（ばぁば）がいてくれて本当に助かった！」と言ってもらえるくらいでちょうどいいのです。

義理母は、病児保育や延長保育の利用には批判的。そのくせ保育園の行事には来たがる。そんなの自分勝手だと思いませんか？

「私が仕事を辞めたら、ウチはやっていけないんです」というおヨメさん。遠回しにウチの息子の稼ぎが悪いと言われているようで、なんとなく面白くないです。確かにそうなんだけどね。

「テレワーク」ってなんだ？

朝、会社に出勤し、
夕方帰宅するという働き方が
変わり始めました
そもそも「テレワーク」ってなんでしょう？

働き方が変わってきた

政府主導の働き方改革、そして、オリンピック・パラリンピックの開催決定を受け、会社に行かないでも働ける「テレワーク」の準備が着々と進んでいました。

そしてこれを加速したのが２０２０年、新型コロナウイルスの感染拡大。これによって、世界各国で「働き方」が見直され「決まった時間に会社に行かなくてもできる仕事」「みんなで会社に集まらなくてもできる仕事」というものが、かなりの割合で存在するとわかってきたのです。

「人と人は会って話さないといけない」ということだわりは消え、さまざまな会議もオンラインで行われるようになりました。自社のサービスや商品を売り込む営業活動さえも、オンラインでのプレゼンテーションにとってかわられるようになってきたのです。

本当の「共働き」に

自宅や、自宅に近いサテライトオフィスなどを利用して、会社に行かないでも仕事ができるようになったのは、子育て家庭にはとても大きなメリットがあったようです。

今回インタビューした子育てファミリーも、おおむねテレワーク歓迎ムード。これまでどうしても母親に負担が偏りがちだった育児が、本当に「共に働く」という体制になってきたという声も聞かれました。

そうなった一番の理由が、「子育てにまつわる細々した用事が目に見えるようになったこと」。子育ては、日常の様々な場面にちりばめられている、小さな営みの積み重ねです。どうしても会社にいる時間、家を離れている時間が長かったお父さんには見えなかった、これらの「育児」が目に見えるようになり、自然と分担されるようになったことは、とても大きな変化ではないでしょうか。

中には「妻がこんなに毎日大変だったなんて知りませんでした」と正直な驚きを打ち明けてくれた若いパパもいました。

一方的に育児の負担感を抱え込んでいたママたちにとって、まず「知ってもらえた」というのは大きな進歩でしょう。口で言ってもわかってもらえなかった微妙なニュアンスが、実際に時間と空間を共有することでダイレクトに伝わり、その部分に積極的にかかわってもらえるようになったという実感はあると思います。

さらに、テレビ会議をしている様子などを垣間見て、お互いの仕事ぶりを直接見ることができたのも大きかったという意見がたくさんありました。パートナーが日々頑張っていたことが目に見えて、それが改めて信頼感や尊敬につながったのでしょう。

リモートならではのシステム

人を雇う側にとっては、在宅でも社員がちゃんと仕事をしているかどうかを、どうやって管理するのかが大きな課題でした。この点についてもリモートワークが普及するにしたがって、出勤、退勤だけでなく、ランチタイムや小休憩など、専用のアプリで細かく管理できるようになってきています。家で仕事をするからといって、時間が自由に使えるかというと、そうではないのです。

また、事務系の仕事でも、限られた時間でどの程度の成果があげられたかを進捗管理のアプリで確認されるようになっています。上司だけでなく、同じ部署

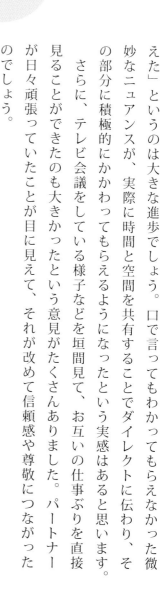

のメンバーにも共有されるので、今まで「デスクに向かって仕事をしているフリ」が通用した人にとっては、ちょっとツライ状況も生じています。

ジジババの出る幕は？

この新しい働き方の中でも、近居のジジババには「保育園の送迎」「通院の付き添い」など、手助けの余地はたくさんあります。

ただ、「元気でいるうちは、できるだけ力になってやりたい」と思う気持ちはわかりますが、先走って見当違いの手出し口出しはしないように気をつけましょう。

娘や息子が自宅にいるからと、リモート会議の真っ最中なのに、無遠慮に訪ねて行ったり、逆に「ずっと家にいるなら実家の片づけを手伝ってよ！」なんて頼みごとをしたりするのは論外。「私たちにはリモートワークの経験がないから、何が助けになるのかわからない。手伝ってほしいことがあったら、具体的に教えてね」と、あらかじめ伝えておくようにするといいでしょう。

習いごと・早期教育のトレンドは？

教育熱心だった人に孫ができると、
孫の教育にもつい口を出したくなります。
逆に自分が熱心に取り組まなかったことを
後悔している人も、
孫の教育には感心が高いようですが……。

ベビーの習いごとは？

バブル期には、赤ちゃんを対象にした習いごとが雨後のタケノコのごとく生まれては、消えていきました。今では、それも少し落ち着いているようです。

赤ちゃんの習いごとは、発育や発達を促すものだということが基本。でも、実際には、慣れない育児に奮闘するパパママのためにも役立つようです。不安や孤独を感じやすい時期に、習いごとが外に出て人と接するきっかけになるのでしょう。

私がリサーチしたパパママの多くは、育休後の復職を控え、０歳の時は全く余裕がなくて、習いごとどころではなかった、と振り返っています。

赤ちゃんと習いごとを、というのは、ある意味時間的にも経済的にも余裕のあるパパママなのかもしれません。

たとえばこんなものがあります

●ベビーマッサージ

ベビーマッサージは、マッサージを通じて、赤ちゃんの脳の発達を促し、スキンシップで親子のコミュニケーションも促進するというもの。ジジババの子育て中からあった、おなじみのベビー教室です。

●ベビースイミング

これも定番。赤ちゃんは羊水に浸かって過ごしていたので、生まれてからの期間が短ければ短いほど、水に対する恐怖心が少ないと言われています。

自分も水着になって、赤ちゃんとプールでリラックスするのは、ママにとってても癒やしの時間かも。

●ベビーサイン

'90年代にアメリカで生まれた、言う

なれば赤ちゃんの「手話」。

手で作るサインやジェスチャーを繰り返し教えていくと、赤ちゃんの方からも「ミルク」とか、「オムツ」「抱っこ」など、サインで要求を伝え始めるのだそうです。自分の意思がうまく伝えられずに、ただ泣くことしかできなかった赤ちゃんと、サインを使ってよりスムースなコミュニケーションができるのだとか。

早期教育・能力開発は？

「習いごと」「おけいこごと」から一歩進んで、赤ちゃんの能力開発を前面に打ち出した、早期教育の教室も相変わらず一定数存在しています。そして、おしなべて費用が高額なのも共通です。

未就学児 習いごとランキング
1位スイミング
2位 体操
3位 英語
APPLE
A
4位 ピアノ
5位 リトミック

突き放した言い方ですが、経済的に大きな負担なく、パパママや赤ちゃんに無理のない範囲で取り組めるのなら、そこは自己判断でやってみればいいのではと、私は思います。

とはいえ、江戸の仇を長崎で討つように、「わが子にできなかったから孫に！」「費用は私たちが出してあげるから通わせなさい！」と、ジジババが張り切るのはちょっと待って。繰り返しになりますが、孫育ての主体はパパママ。そして、お金を出せば、それだけ口も出したくなるものです。

ほかにもいろいろあります

ほかには、音楽の基礎を身につけさせるリトミックや、ネイティブスピーカーが英語で託児してくれるナーサリー、ベビーとママで行うピラティスやヨガなど、探してみると、さまざまな教室が開講されています。

いずれにしても、入会する前には、パンフレットやウェブサイトの情報を鵜呑《うの》みにしないこと。本当に赤ちゃんやパパママのためを思ってくれている教室もあれば、残念ながらそうではないところもあります。

その習いごとがかえってストレスになっていないか、入会後の赤ちゃんやパパママの変化も、ちょっと気を付けて見てあげるといいですね。

２歳を過ぎると増える選択肢

自分で立って歩けるようになり、ある程度言葉での意思疎通も図れるようになれば、習いごとの選択肢は激増します。

音楽、体育、学力など、バリエーションも豊富。パパママは彼らなりに考えて、わが子の習いごとを選択して行くことになるでしょう。

ジジババはお金も口も出したいところかもしれませんが、適度な距離感が大切。とかく習いごとは、周囲の子との比較がしやすく、ついつい親が過熱してしまいがちです。そこへもってきて、ジジババまで入れ込んで、親と一緒になって「頑張れ！」「負けるな！」と孫を追い込んでしまうと、辛い時の逃げ場がなくなってしまうからです。

パパママがあまりにもムキになっていると感じたり、孫に負担がかかりすぎていると感じたら、その時こそ、祖父母世代ならではのアドバイスが必要かもしれません。早い時期にテニスを始めたら、みんな錦織くんになれるわけでも、スケート教室に入れたら全員が真央ちゃんや羽生くんみたいになれるわけでもありません。ジジババには、それがよくわかっているはずですから。

小学校受験は？

都心部では私立や国立の小学校も多く、小学校受験も選択肢に入ってきます。

これも、どうするかはパパママが決めることですが、共働きの両親が「チャレンジさせてみたい」となったら、ジジババのサポートは不可欠かもしれません。

受験対策の幼児教室に送迎するだけでも、共働きの子世帯にはそう簡単なことではありませんし、家庭での復習や、生活全般での受験準備も必要になるからです。

「どんと来い！」と引き受ける覚悟があるならいいのですが、そうでない場合には、早めに「私たちのサポートは期待しないで」と伝えておきましょう。

義理母に「そろそろピアノかバレエを」とせっつかれていますが、保育園の送り迎えで精一杯で、習いごとをさせる時間的余裕はありません。土日のどちらかが習いごとでつぶれるのもツライです。

次男のところの孫がベビースイミングを始めたので、雑談の中でその話をしたら、半年早く孫を産んだ、長男のおヨメさんが急に習いごとの見学に行き始めました。
自分がうかつだったと反省しています。

教育は変わる？

数年で教育の世界も劇的に変化しました。
入学式や卒業式、運動会や学芸会がない、
遠足や修学旅行がない、
オンライン学習が普及したなど
これまでの常識が
通用しなくなっています。

一人1台の端末が利用できる

リモートワークの普及と同様に、学校でも、これまでのように「毎日通う」「机を並べて一斉に授業を受ける」という形にこだわらなくなってきました。地域によっては、いち早くオンラインでの授業が開始されて、家の中で家族が一人一人端末を持って、仕事をしたり、授業を受けたりしていた時期もあったくらい。

これによって「クラスの全員が同じ進度で、同じ課題に取り組む」という今までの教育のやり方が、実はとても効率が悪かったのではないか、という問い直しも始まっています。

中でも注目されるのが、2021年3月には、学校で一人に一台ずつ端末が利用できるようになること。2023年年度までの予定が前倒しされて、2300億円近い予算がついたのです。

最低からの巻き返しなるか？

日本の教育におけるＩＣＴ（情報通信技術）活用率は世界でも最下位レベルでしたから、ここで一気に巻き返したい！と関連業界の鼻息も荒くなっています。ただ、端末が与えられたからといって、すぐにそれを活用した、充実した楽しい授業が展開されるかといえば、残念ながらそうとも言えません。関係者の皆さんの頑張りに大いに期待したいところです。

そうは言っても、少なくとも受験制度にはかなりの影響があることは確かです。私は、これから10年もたてば、日本国内にいながらにして、自由に海外の教育を受けることができるようになると思っています。実際に海外留学しなくても、世界中の大学で自由に学べる時代がくるかもしれません。つまり、国内の有名大学進学、有名企業就職を第一目的としていたような教育観は、通用しなくなるということです。まだまだ可能性の段階ですが、その都度新しい制度に対応していく覚悟は必要ではないかと思います。

そんな中、ジジババの立場からできることと言えば、一緒にＩＴスキルを磨いていくことでしょうか？　孫に置いて行かれないよう、がんばりましょう！

保育園・幼稚園のイベントは？

保育園や幼稚園のイベントには
当然祖父母も参加するもの、
と思っていませんか？
でも、パパママの気持ちは
ちょっと違うかもしれません。

孫の成長が実感できるイベント

保育園や幼稚園など、集団で過ごすようになると、節目節目でさまざまなイベントが待っています。

入園式や卒園式だけでなく、運動会や発表会、お遊《ゆう》戯《ぎ》会とか音楽会のようなイベントで、子どもの成長を確かめられるのはうれしいことですね。

生まれた時から、その成長を共に見守ってきたジジババにしてみれば、そのどれにも参加して、自分の目で見たいところかもしれません。でも、パパママによってはそれを望まないこともあるようです。

逆に、パパママに「来てほしい！」と言われても、基本的に行かないことにしているというジジババも。

双方の気持ちがそろっていればいいのですが、違っていると、余計な気遣いや憶測を呼んでしまうのがツラいところです。

来てもらっても、お相手できません

祖父母世代にとっては、遠い記憶の中で経験済みのイベントですが、子世帯にとっては初めてのことばかり。わが子の出番をチェックして、カメラやビデオで記録に残しつつ、自分たちの記憶にも残すだけで精一杯。そこに、ジジババのお世話となると……。「じぃじ」も「ばぁば」も元気で、放っておいても自由に楽しんでくれるならいいのですが、「○○ちゃんの出番はいつ？」「どこにいるの？」「トイレはどこ？」「ここは寒い（暑い）わねえ」と言われても、そのお相手をしている余裕はないのです。ジジババのために折りたたみ椅子や飲食物を余分に用意するだけでも、ちょっと負担に感じてしまうということもあるでしょう。

　子どもたちに誘われて行くことになったときにも、そのあたりは少し配慮してあげたいところです。

なんかえらく忙しそうだな
ですね…
パパ！次の次親子競技にお願いねっ
了解！
私、ビデオの場所取りに行かなくちゃ

疲れるから行かない、と決めている。

私の中のイメージでは、孫の行事と聞くと、喜び勇んで参加するジジババのイメージが強かったのです。でも、今回リサーチした祖父母世代の中には、「基本自分たちは参加せず、子世帯だけで行ってもらう」という人が、かなりの数いたことにちょっとビックリ。

中にはお宮参り、七五三といった、けっこう大きなイベントも、子世帯だけで行ってもらうようにしているという人もいました。「若い人と同じペースでは動けないし、人混みに一日中いるとくたびれてしまう」というのがその理由。孫の晴れ姿は、ビデオや写真で見せてもらえば、それで十分なのだそうです。

また、「早起きは苦にならないので、運動会と言えば、いつの間にかお弁当作りから、当日の場所取りまで私たち（祖父母）の担当に。でも、あるとき孫の出番に合わせてのんびりやってきた娘に『え～？　こんな場所しか取れなかったの～？』と言われて、ブチッ！　それ以来一切関わらないようにしています」という経験をした人もいました。

確かにそれはちょっと気分がよくなかったでしょうね。

園のある場所でも状況は違う

二世代、三世代の同居が多い地域では、子どもの行事に祖父母が参加することを前提で組み立てていることが多いようです。

逆に都心部では、園庭や体育館が狭くて、「園児1人に大人2人まで」などという制限を設けているところもあると聞きます。

まずは、自分の孫が通う園の状況をさりげなく聞いてみましょう。

また、お互いにどうしたいと思っているのか、事前に率直に話しておくのが得策かも。

ジジババは家にいて、当日疲れて帰ってくる子世帯のために、夕飯の支度。興奮が冷めないうちに、ビデオや写真を見ながら鑑賞会と会食、というのもいいかもしれません。

うちの子の運動会に、ビールが一杯に入ったクーラーボックスと共にやってきたジジババにビックリ！　アルコールは持ち込み禁止なので、そう伝えたら「せっかく用意したのに！」と、不機嫌に。お花見じゃないってば！

寒い体育館で、保育園の発表会を見ていたら、全身冷え切って何度もトイレに通うことに。若い頃は平気だったのになあ。来年からは家にいようと思いました。

カメラが趣味の義理父は、孫のベストショット撮影に夢中。立ち入り禁止エリアに入り込んだり、ほかの親御さんの前に割り込んだり……。ちょっと困ってしまいました。

※会場の都合や安全確保のため、両親以外はオンラインでの参観にする幼稚園も増えています。ライブで競技や演技が見られるようにしてくれていますし、見のがしても後からDVDなどで見ることもできるので、積極的に利用してみましょう。

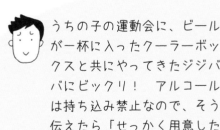

こんなことが助かった！

やっぱり「モノよりお金」。
その一方で
「そばにいてくれるだけでよかった」
という意見も。

何か買うときには聞いてくれたらうれしい

子世代が困る祖父母世代の行動で、「断りにくいけど正直困る」と感じているのが、いろいろなものを買ったり作ったりしては「押しつけられる」こと。

狭いアパート暮らしなのに、突然室内用の滑り台やジャングルジムが届いて呆然とした、という話はよく聞きました。大きな音の出るおもちゃ、室内用の乗用おもちゃなどは、騒音がご近所トラブルの元になったという話も。

パパママも、かわいい孫に何かを買ってやりたい、作ってやりたいというジジババの気持ちは本当にありがたいと思っているのですが、自分たちの生活スタイルに合わないモノ、スペースの関係で置けないモノなどは、正直ありがた迷惑でしかないということもあるようです。「うれしくないものを送りつけられても、一応着せたり、遊ばせたりしているところを写真に撮って送らなくちゃいけない」「迷惑だと思っているのに、お礼を期待されているのがプレッシャー」という、ジジババには絶対言えないホンネもあると聞きました。

子世代としては「お気持ちがあるなら、ぜひモノよりお金をください」というのがホントのところのようですが、ジジババとしてはそれでは味気ないですよね。ですから、何か買いたくなったり、作りたくなったりしたら、まずは「ほしいかどうか聞いてみる」というひと手間をかけてはいかがでしょう。市販品の場合には、ネットで画像を拾うとか、お店の方の許可を得て写真に撮るなどして送り、要不要を聞いてみるといいですね。パパママにしてみれば、「そのぐらいの予算があるなら、こっちがほしい」という目安にもなっていいのでは？

お誕生日
どんなものが
いいかしら？
予算5000円
ぐらいなんだけど
えーと、そうですね
じゃあ…
これー

手作り品の場合にも、事前に聞いてみると、「どうせならコレを作ってくれませんか？」とか、「それなら保育園の指定があるので、こんな素材で、このサイズでお願いします」など、本当に必要なものをリクエストしてくれるかもしれません。

また、資金は会うまで少しずつ貯めて取っておいて、一緒にショッピングに行った時に「これ、ほしいなぁ」と言われたものを買う、というのもいいですね。

意外に大変！　オムツの名前書き

共働きが多い子世代。保育園で必要なグッズの中で、意外に手間がかかるという意見が多かったのが「紙オムツの名前書き」でした。

保育園で１日に必要なのは４～５枚ですが、週に５日、月に１００枚強となると、これは子育て生活の中、かなりの負担です。オムツ専用のお名前スタンプも販売されていますが、スタンプは乾くまで広げておく場所が必要だし、押した先から赤ちゃんがぐちゃぐちゃにしてしまうといった現実もあるようです。

そんな中、「ジジババが通販でオムツを箱買いして、全部にスタンプを押して送ってくれた」のが、本当に助かったという意見が。オムツにもサイズがあるのでそこは要確認ですが、スペースに余裕のあるジジババの家でスタンプを押したり、名前を書いておいてあげる、というのは本当に喜ばれそうですね。

着替えがあった！

子世代が孫を連れて来るときには、車移動が多いのかもしれませんが、交通網が発達したエリアでは、渋滞知らずの電車移動が好まれる場合もあります。

いずれにしても問題になるのが、

荷物をどうするか。

オムツや離乳食、着替え、簡単なおもちゃなど、子連れの移動は日帰りでもかなりの量になります。

着替えはひと組あれば大丈夫かと思いきや、ミルクを吐いたり、食べこぼしたり、お昼寝で大量の寝汗をかいたりと、思いがけず汚してしまうことがあるものです。

そんなとき、意外に助かった！というのが、さりげなく着替えを用意してくれてあったこと。

新品でなくても、リサイクルショップを利用すれば、比較的安価でそろいますし、ご近所の方から不要な衣類を回してもらっても

来たよー
じーじ
ばーば
２人になって　ますます
荷物が増えたなあ…
ですね…

いいですね。

どうせすぐにサイズアウトしてしまうものですし、臨時に着せることを考えると少し大きめでもいいでしょう。複数の孫がいる場合にも、どの孫用と決めず、ユニセックスのものを、だいたいの年齢別、サイズ別で何組か用意しておくといいかもしれません。

同様に、外出着ではくつろげないママのために、リラックスできるホームウェアなどを用意しておいてあげるのもいいかも。授乳やオムツ替えで汚しても気にならないし、疲れた時にちょっと横になることもできます。

トイレトレーニンググッズ

もう少し先の話になりますが、ある程度成長するとトイレトレーニングが始まります。

これは経験していればわかる通り、かなりデリケートなもの。

せっかく少しずつ尿意や便意を教えるようになってきたのに、場所が変わったら一気に後戻り、というのはよくあること。先に紹介した保育園での紙オムツ準備の負担なども考え合わせると、「じぃじ」「ばぁば」としても、できるだけ協力してあげたいところです。

ちょうどその時期に遊びに来る予定があって、子どもたちの自宅からトレーニンググッズを持って来ることができるなら、それに越したことはありません。ただ、頻繁に出入りするようなら、ジジババ世帯にも同じようなものを準備しておいてやるといいでしょう。

できるだけ自宅と同じ環境になるように整えれば、トレーニングもスムースに進むというものです。

寝かせてください！

祖父母世代も経験済みのことでしょうが、特に乳児を育てている母親にとって、夜の授乳や夜泣きで十分な睡眠が取れないというのは、かなりつらいもの。「せめて5時間続けて寝たい」「自然に目が覚めるまで、まぶたが溶けるくらい寝たい」というのは子育て中のママの切実な願いです。

ミルクはもちろん、母乳でも1回分搾乳したものを哺乳瓶に入れておけば、5

～6時間はママの授乳なしでも乗り切れます。ママには静かに眠れる環境を整えてあげて、ジジババは赤ちゃんの声が届かないくらいの距離にお散歩に行くとか、車に乗せてドライブするなどしてはいかがでしょうか？

実は、娘には気軽に「寝ていいよ」と言ってやれるジジババも、お嫁さんにはちょっと遠慮があって言い出せないということもあるようです。もちろん、彼女の方から「寝かせてください」とはとても言いにくいもの。

お嫁さんの実家が遠くにあるなどで、簡単に頼れない状況なら、一歩踏み込ん

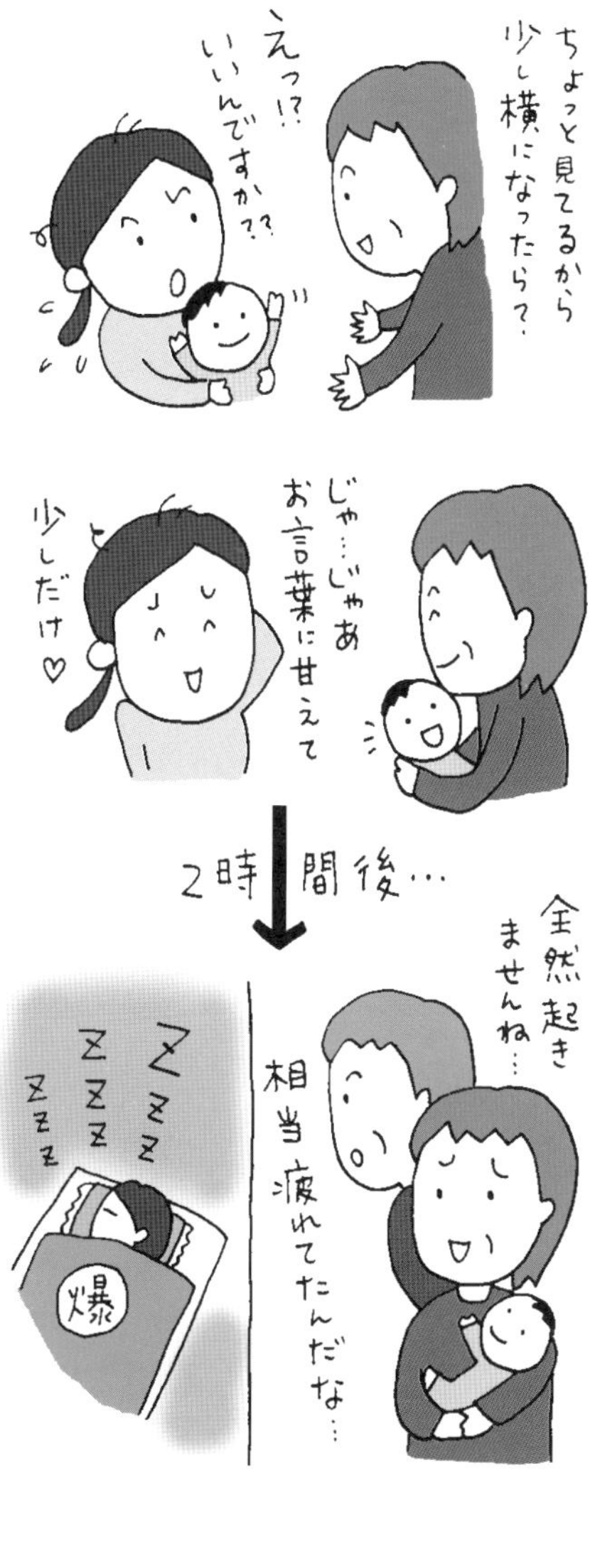

で、「眠いでしょう？　私もそうだったわ。しばらくこちらで見ていてあげるから、休んだら？」と提案してあげてはいかがでしょうか？

最初はお互いに緊張したり、遠慮したりして、うまくいかないこともあるかもしれませんが、何度かそうやっているうちに、信頼関係も育ってきます。将来的にも安心して預け、預かれる関係作りが進んでいくでしょう。

いてくれるだけで、ありがたい

そのほかには、「子どもの世話より、たまった家事をサクサク片付けてくれたのがありがたかった」「山のように積んであった洗濯物が知らないうちにきちんと畳んであった。ありがたくて涙が出た」「数日分のお惣菜をジッパーつきの袋に入れて冷凍して届けてくれた。本当に助かった」というように、子どもの世話ではなく、家事全般を助けてくれたのがありがたかったという意見もありました。

義理の親子だと「あまりプライベートなところに立ち入られるのは……」という抵抗感や、「台所に入られるのはイヤかもしれないなぁ」といった気遣いがあるかもしれません。でも、そこは率直に気持ちを伝え合ってもいいのでは？　遠慮し合っていつまでも互いの距離が縮まらないのはもったいないですからね。

ただ、ジジババ側は「何か役に立つことをしなくては！」と思うのかもしれませんが、パパママにしてみれば「何もしてくれなくてもいい」ということもあるようです。

ママからのコメントには「毎日赤ん坊と向き合って、息が詰まりそうだったので、そばに誰かいてくれるだけでありがたかった」「他愛ない世間話をしながら、自分が赤ちゃんと二人きりで、いかに追い詰められていたかわかった」といった声も。

「何かを贈る」「何かをする」にこだわらず、普段のコミュニケーションの中で何を求められているかを見極めていく、というのも大事なポイントかもしれません。

ホンネde言うと…

季節ごとに届く手作りの洋服にゲンナリ……。アトピーの娘に化繊のフリルフリフリの衣類は着せられない。ちょっと考えてほしいのだけど……。

初孫でうれしいのはわかるけど、1歳のお誕生日に自転車は早すぎる！　お願いして返品してもらいました。

義理母は遊びに来ても物静かで孫をかわいいと思っているのかどうかわからなかったのですが、ある日寝ている赤ちゃんをじっと見て「かわいいねぇ」と涙ぐんでいました。なんかすごくうれしかったです。

Column

イクメン息子を見ていると面白くない

祖父母世代が子育てしていた頃には「お手伝い」でしかなかった夫の育児参加ですが、最近ではパパも「育児の主力選手」として、奮闘しています。

専業主婦だったばぁばの中には、「夫にオムツを替えさせたことがない」「離乳食は作るのも食べさせるのも自分だった」「外出時も全部自分で抱っこした」という人も少なくないでしょう。

今回のリサーチでも、そんなばぁばたちから、「息子の抱っこ紐姿を見て、なんだか複雑な気持ちになった」「時間になったら、さっと台所で離乳食を作って食べさせている息子がかわいそうになった」「仕事で忙しい息子に何でもやらせる育休中の嫁が憎たらしく思えた」というホンネが聞こえてきました。

でも、それが今の子育てです。そうでないと、やっていけない現状があるから、パパも「自分のこと」として育児を担っているのです。

逆にこれが娘のおムコさんとなると、おヨメさんにはよい感情を持っていなかったクセに、「やさしいパパね～」「ここまでしてくれるのはありがたいわね～」と、コロリと立ち位置が変わってしまうのも、ジジババというもの。

言ってみればその程度のことなのですから、いちいち目くじら立てたり、いら立ったりしないで「いい大人に育ったなぁ」「一人前の父親になれてよかったなぁ」と、肯定的に見てあげましょう。

第4章

行　事 いろいろ

行事いろいろ

孫が生まれて改めて思い返すと、
子育てにまつわる行事って
けっこういろいろありますよね。
それぞれについて、
一般社団法人ジュニアマナーズ協会の
ご協力を得て、
簡単にまとめてみました。

帯祝い

●**いつ？**　妊娠５か月目の戌（イヌ）の日

●**どこで？**　安産祈願をしてくれる神社やお寺、出産を予定している病院など。

●**どんな行事？**　妊娠５か月を過ぎると流産のリスクもかなり少なくなることから、お産が軽いと言われるイヌにあやかって、この時期の戌の日に腹帯を贈るならわし。

基本的に、腹帯は神社仏閣で安産祈願を受けて、産院で巻き方の指導を受けます。

だんだん目立ってくるお腹を保護したり、体への負担を軽減したりする目的もあると言われています。

●**準備するもの**　**岩田帯**……本来は岩田帯と呼ばれる紅白の絹の帯と木綿一反で、妊婦の親が用意して安産祈願を受けておきます。今は形式にこだわらず、マタニティ用のガードルやサポーターなど、実用的なものを贈ることも。神社で用意されていればそれを購入してもいいでしょう。
※神社や産院へ５０００円程度のご祝儀を包むこともあります。

●その他　この帯祝いを一つの区切りとして、周囲に妊娠の事実を公表する場合も。

この項目で紹介したものは、あくまでも一般的なものです。地域によって異なるのはもちろん、まったく新しい行事のやり方も考え出されています。パパママ主導で、しきたりや伝統にこだわらずに決めて行くといいでしょう。

もうそろそろ
帯祝いじゃないかしら
そうなんです
…でも帯は
巻かないと思うので
ガードルタイプに
しようかと…

命名式（お七夜）

●**いつ？**　生まれた日を1日目として7日目の夜。ただし、まだ入院していることも多いので、ママの体調を見ながら、よい日を選んで行う場合も。できれば出生届の期限である生後2週間以内に行います。

●**どこで？**　この時期にベビーが過ごす場所。自宅やママの実家のことが多いようです。

●**どんな行事**　昔は栄養や衛生状態がよくなかったので、生後1週間を無事に過ごせるかどうかは大きな節目でした。そこで、生後7日を無事に過ごせたことを祝い、ここで正式に名前を付けて、出生を改めて周囲にも公表する意味もあったそうです。

今は、産後間もないママの体調も考えて、内輪で静かに祝うことが多くなっていますが、地方や家によっては関係者を招いて盛大に祝宴を開くこともあるようです。

●**準備するもの**　**命名書**……赤ちゃんの名前、生年月日、両親の名前などを半紙や奉書紙に記すもの。文具店やベビー用品店で用紙を購入することもできますし、インターネットでダウンロードできるものもあります。誰が書くかでもめることもあるので、事前に相談しておきましょう。

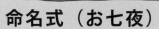

記入した命名書はお宮参りまで赤ちゃんの枕元や神棚・床の間などに貼っておくのが一般的です。

出生届……病院や産院で出生証明書に記入してもらう必要があります。先方で用意されている場合もありますが、準備して持参しなくてはならない場合もあるので、要確認。役所によって届け出に必要なものが若干異なるのでこちらも事前に確認しておきましょう。

●その他　記念に手型や足形を取って残すこともあり、命名書とセットになったメモリアルグッズも市販されています。いずれにしても産後のママとベビーの体調を最優先に考えて行うようにしましょう。

いいお名前が付いてよかったね〜！
平成○年○月○生
命名
○○

お宮参り

●**いつ？**　生後1か月くらいの、お日柄のいい日（大安など）や土日を選ぶことが多いようです。男子は生後31日目、女子は生後33日目を正式なお宮参りの日と定めている地方もあり、この日にちを厳格に守る家もあります。逆に北海道や東北では寒い時期、雪の多い時期を避け、暖かくなってから行うことが多く、沖縄にはもともとお宮参りの習慣自体がないそうです。

●**どこで？**　赤ちゃんが生活する場所に近い神社や仏閣など。里帰り出産の場合には実家のそばと自宅に戻ってからの2度行う人もいます。

●**どんな行事**　生後1か月を無事に過ごせたことを祝い、これからその地域の一員として、健やかに成長していけるよう、よろしくお願いします、という気持ちを込めて神仏に祈りを捧げる儀式。一つの区切りとして写真館などで記念写真を撮ることもあります。また、両家で集まって祝宴を持つこともあります。

●**準備するもの　赤ちゃんが身につける祝い着と掛け着**……基本的に母方の実家が用意すると言われていますが、1日限りのものでもあり、レンタルを利用したり、元気に育っている身内や親しい人が使ったものを借用することも増えてきました。また、ベビードレスとケープだけなど、略装で済ませる人も多くなっています。当日集まったときに、ぎくしゃくしないように、どのような衣装を選ぶか、パパママや祖父母はどういう服装で参列するかなど、事前に調整しておくといいでしょう。

●その他　父方の祖母かママが赤ちゃんを抱くのが基本と言われています。特に祈祷のときや、写真撮影のときに誰が抱くかで後々トラブルになることも多いので、事前にしっかり決めておくことが大事。その場合、パパママがこうしたいとははっきり打ち出すと、双方の祖父母も折れて丸く収まることが多いようです。

パパママの意見を尊重してあげよう！
神社ではお義母《かあ》さんに抱っこしてもらって
衣装はレンタルにしようと思ってるんだけど
それでいいよ！

お食い初め

●**いつ？**　多いのは、生後100日目。110日、120日目としている地域もあります。今は、双方の祖父母も含めて参加できるように、だいたい百日前後で、お日柄のいい土日を選ぶことも増えています。

●**どこで？**　自宅もしくはレストラン、料亭など。個室のあるお店にすると、子連れでもくつろいで過ごせます。

●**どんな行事**　一生食べるものに困らずに生活できるように、という願いを込めた儀式。

●**準備するもの**　**赤ちゃん用の食器**……母方の実家が赤ちゃん用の食器を用意するのが基本です。漆塗り、家紋入りの正式なものもありますが、その後も長く使える離乳食用のベビー食器で代用することも増えてきました。

よく洗った小石……「丈夫な歯が生えるように」という祈りを込めて、よく洗った小石を用意し、口もとに軽く触れさせることもあります。

色つきの衣装……それまで白い産着を着せていた赤ちゃんに、初めて色つきの衣類を着せる「お色直し」を兼ねることもあり、その場合は身につける装束も併せて用意します。

銀の匙（さじ）……最近では、海外の風習である銀のスプーン（これも一生食べ物に困らないようにという願いが込められている）を贈ることもあるようです。

祝い膳……用意した赤ちゃん用の食器に、鯛や赤飯など祝い膳を盛り付けます。

●その他　赤ちゃんが長寿にあやかるように、参列の方の中で最年長の同性の方に食べさせてもらうという風習もあります。

　お食い初めの呼び方はさまざまで、「食べはじめ」「箸はじめ」「真魚（まな）はじめ」「歯固め」「百日の祝い（ももかのいわい）」「百日祝い（ももかいわい）」などとも呼ばれます。

初節句　女の子

いつ？　生後初めての３月３日。節分過ぎに生まれた場合や、生後１か月経過していない場合には、翌年の３月を初節句とする場合も。

どこで？　赤ちゃんが生活する場所

どんな行事　起源になっているのは、中国の「上巳（じょうし・じょうみ）の節句」で、３月最初の巳の日を指すと言われています。

古来中国ではこの日に川で身を清め、その後に宴を催す習慣がありました。これが平安時代に日本に伝わり、宮中の「人形遊び」と結びついて「流し雛」へと発展。少しずつ形を変えて今に至ると言われています。

準備するもの　ひな人形……女の子のお節句と言えばひな人形。お内裏さまとお雛さま一対の親王飾りから、何段もの階段状になった段飾りまで、バリエーションは男の子のお節句飾りの比ではありません。

女の子の身代わりになってくれるものなので、姉妹でも共用にせず、それぞれに用意するのが基本。でも、最近の住宅事情などもあり、今はそれほどこだわらなくなっているようです。

祝い膳……ひな祭りの祝い膳は、生涯唯一のパートナーと添い遂げることを象徴する「はまぐり」が定番。ほかに華やかな見た目のちらし寿司、ひなあられや菱餅、白酒などを用意します。

●**その他**　最近では、孫娘の初節句にママのひな人形を贈る人も増えてきています。1年に約1か月しか飾らないものなのに、高価で収納場所も必要なので、最近では代々受け継いで行くことも許容されているようです。

ただ、人によっては「身代わりだから、必ず新しいものを用意すべき」というこだわりを持っている場合もあります。いきなり送りつけたりすることは避けて、事前によく話し合っておきましょう。

メインで飾るのはママの子ども時代の段飾り、それぞれの孫には小さなケース入りのひな人形、という形を取る人もいます。

これから毎年
三世代の
女子会になるね♥

初節句　男の子

いつ？　生後初めての５月５日。節分過ぎに生まれた場合や、生後１か月経過していない場合には、翌年の５月を初節句とする場合もあります。

どこで？　赤ちゃんが生活する場所

どんな行事　端午《たんご》の節句とも言い、これが男の子の節句になったのは江戸時代以降と言われています。元々５月は「物忌《ものい》みの月」と言われていて、「端午」とは、５月のはじめの午(うま)の日を指していました。「午」と「五」の音が同じなので、５月５日が端午の節句とされているのです。

男の子の節句になったのは、武家で厄よけに使用する「菖蒲《しょうぶ》」と「尚《しょう》武《ぶ》」が同じ読みであること、菖蒲の葉の形が剣を連想させることなどから。

準備するもの　五月飾り……家の中には鎧兜、兜飾り、武者人形などを、外には鯉のぼりを飾ります。いろいろな説がありますが、これまでは母方が用意して贈るのが基本とされていました。でも、最近ではそれにこだわらず、子世帯が主導で、自分たちの好みのものを用意し、両家が応分の負担をすることも多くなってきました。

祝い膳……出世魚（ブリが多い）を盛り込み、柏餅、ちまきなども用意します。

●その他　最近ではパパの五月飾りを実家から送ってもらい、それで済ませてしまうこともあります。パパが初節句を迎えた頃は、日本経済が右肩上がり、両家の祖父母が奮発して、かなり高価な物を用意したという背景もあるようです。

しかし、これが「せっかくの初節句なのにお古を押しつけられた」「元気に育っている息子のだから文句を言うな」とトラブルになることも。

お節句の飾りは年に1か月ほどしか飾らないのに、高価で、収納場所も必要です。パパママを中心に、事前によく話し合って、どうするか決めておきましょう。

ほかに、5月5日には、一年の健康を願って、菖蒲湯に入ることもあります。

七五三

●いつ？　男の子は３歳と５歳、女の子は３歳と７歳。※０歳を１歳と数える、数え年で祝うことが多い。

基本は11月15日ですが、ピーク時はすべてにおいて割高。時期を外すと記念写真や衣装が割引になるので、比較的自由に時期を選ぶことも多くなってきました。たとえば、記念写真は夏場にスタジオで撮ってしまい、11月には少しだけ改まった服装でお参りだけする、というふうな形をとる人もいます。北海道では、11月になると寒いし、雪が積もっている場合もあるので、９月や10月に済ませてしまう人もいるそうです。

●どこで？　氏神さまなど身近な神社、仏閣。

●どんな行事　子どもがその節目まで無事に成長したことを祝い、その後も健康に育っていくことを願う行事です。

それぞれの年に応じた装束を着せ、神社や仏閣に参拝。その後記念写真を撮影し、家族で会食、という流れで祝うことが多いようです。

数え年３歳（満２歳になる年）には、産毛を剃って健康な髪が生えるように促す習慣があり、男女共通に祝います。

男子は数え年５歳（満４歳になる年）で初めて袴を身につけ、正式にコミュニティの一員になることを祝います。

女の子は数え年7歳（満6歳になる年）から成人と同じ丸帯（まるおび）をつけ始め、女性として社会の一員となるという意味合いがあります。
●**準備するもの　それぞれの年齢に応じた祝い着**……父方母方どちらが用意するかは、地域や家によって異なります。1日だけのことでもあり、レンタルで済ませる人も多くなっていますし、お参りは洋服で、写真撮影だけ和服にする人もいます。
ほかに、千歳飴を用意することも。
●**その他**　地方によっては、大人の結婚披露宴顔負けの祝宴を行う習慣を持つ地域もあります。

習いごとの発表会

●**いつ？**　習いごとの節目

●**どこで？**　教室や会館、舞台のあるホールなど

●**どんな行事**　日頃の練習の成果を周囲にもお披露目する機会。子どもにとっても発表会を一つの目標として取り組むことで、大きく成長するというメリットもあります。

●**準備するもの**　教室指定の衣装や小道具など。チケットのノルマがある場合には、基本はまとめて購入し、来場をお願いした方は招待するのが一般的です。先生へのお礼は同門の中で取りまとめるのが慣例なので、お世話役に相談してみましょう。

●**その他**　当日の贈り物として、一般的なのは花束やお菓子です。でも、祖父母からは、「よく頑張りました」というねぎらいを込めて、何か記念になるプレゼントやご褒《ほう》美《び》を考えてもいいでしょう。

じぃじ ばぁば 発表会 見に来てください
○○バレエ 発表会

入園式、卒園式、入学式

いつ？　卒園式は3月、入園、入学は一般的に4月。※保育園の入園はこの限りではありません。

どこで？　保育園、幼稚園、小学校

どんな行事　そこに加わり、集団生活を始める、またはその課程を修了したという節目の儀式です。

準備するもの　所属する園や学校の指示によります。布団カバーや袋物など、サイズが指定されている場合も多く、手作りが要求されることも多いようです。

その他　小さな子どもがいて針仕事が難しい子世帯に代わって、祖父母が準備を手伝ってやると感謝されます。

88ページも参考に、祖父母も式に参列できるのか、パパママは参列してほしいのか、事前に確認しておきましょう。

※この「行事」に関する項目は一般社団法人ジュニアマナーズ協会(https://junior-manners.com)の田中ゆり子理事長に監修をお願いしました。

お母さんっ
ありがとう!!
なんのなんの！
ダダダダダダ

Column

内孫、外孫、違いはいかに？

今回のリサーチで、祖父母世代の口からよく出てきたフレーズが「内孫」「外孫」。言うまでもなく、息子の子どもは「内孫」、娘の子どもは「外孫」ということになります。

昔は自分の娘が産んだ子とはいえ、「外孫」は、よその家の大事なお孫さん。娘の両親は、婚家先の両親が抱くまで、自分の孫を抱くのも控えたという話もあります（この時代でも、そうしたと言っている人もいました！）。

今でも、「内孫だから、さまざまな行事は自分たち主導で」、「外孫だから、口出しは控えて」、という考えを持つ人は少なくありません。

その一方で、赤の他人のおヨメさんが産んだ子より、これまで長い間共に暮していた実の娘が産んだ子の方が、気を遣わずに世話ができるというのも隠しきれないホンネのところ。何も言わずにわかり合える、価値観の共有があるからです。

ジジババに息子娘両方を育てた経験があると、その違いが自分でも自覚できるのでしょうが、子どもの数がせいぜい２～３人となると、女の子だけ、男の子だけしか育てていない人も少なくない時代です。また、娘、息子の両方を育てても、その子どもたちが全員結婚して、子どもを授かるというのは珍しい時代にもなっています。

無意識に、娘かわいさに孫の子育てに入れ込んで、おムコさんの両親に不快感を与えたり、「内孫アピール」をしすぎて、おヨメさんの両親がさみしい思いをしたりというのは、本当によく聞く話。

昔ながらの「内孫」「外孫」にこだわらず、互いに相手の家庭の状況を思いやる余裕を持って、かわいい孫育てを双方向からサポートしていけるといいですね。

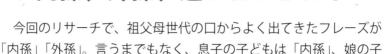

第5章

安全に楽しく孫育て

子世代のおもちゃや本を孫に

新たに買うのもいいけれど、
子どものお気に入りだったものを
取ってあるなら、
孫に受け継いでもらいたいですよね。

取っておいたのなら清潔にして使ってもらおう

子世代が好んで使っていたおもちゃやお気に入りの本が捨てられず、物置や天袋などに保管している人もいるでしょう。孫が生まれたこの機会に、それらを現役復帰させられるといいですね。

ただ、長年保管していたものをそのまま使わせるというのは、衛生的ではありません。目に見える汚れだけでなく、ダニやカビの心配もあります。思い出がこもっているとはいえ、汚れ、くたびれたものでは、もらった方もちょっと困ってしまうでしょう。

そこで、孫に受け継ぐ前に、素材に合わせた方法できれいにし、気持ちよく使えるようにしておきましょう。ここではその代表的な方法をいくつか紹介していきます。

●ぬいぐるみ・布製のおもちゃ

布製品は丸洗いするのが一番です。よく洗ってホコリやカビ・ダニを取り除き、洗剤分が残らないように、よくすすぎます。しっかりと脱水して、天日干しすれば、日光による消毒効果も期待できます。このときのポイントは、中までしっかり乾かすことです。

注意したいのは、ぬいぐるみの目や鼻など小さなパーツ。のどに詰めたらとても危険ですから、外れそうなものは付け直すなど安全を第一に考えた補修をしておきましょう。今は、窒息しにくい穴あきのパーツがあります。手芸店で購入できるので、可能なら交換してしまってもいいですね。

自分で洗ったり補修したりする自信がなければ、専門業者もいますので、相談してみてください。

●プラスチックや木製のおもちゃ

水で洗える素材で、耐熱温度が100度以上あるものについては、よく洗った後、煮沸消毒がおすすめ。全体が浸る鍋にたっぷりと湯を沸かし、3～5分クツクツと沸騰後、清潔なトングで取り出します。水分が残っていると雑菌が繁殖するので、できるだけ早く乾燥させるのがポイントです。

●煮沸できない素材のもの

煮沸消毒ができないものには、ほ乳瓶のつけ置き消毒用の、次亜塩素酸ナトリウムの消毒薬（ミルトン・ミルクポンなど）が使えます。

また、消毒用アルコールを使う方法もあり、よく洗って乾かしたものに60～90％の濃度の消毒用アルコールをスプレーするのが効果的と言われています。まんべんなく塗布し、しっかりアルコール分を蒸発させましょう。

いずれも、赤ちゃんが口にする、食品や調理器具などに使える方法なので、比較的安全です。ただ、使えない素材、使用上の注意事項がありますので、よく確認してください。

●本は拭く・干す・削る

ビニールコーティングされた絵本は消毒薬や消毒用アルコールでよく拭いて、しっかり乾かします。

紙の部分の汚れは消しゴムやメラミンスポンジ、目の細かい紙やすりでそっとこすると表面の汚れを落とすことができます。消毒効果はないので、削りカスを払うのも兼ねて、広げて天日に干しましょう。

子どもが貼ったシールはドライヤーで軽く温めるとはがしやすくなります。また、消毒用アルコールをしみこませてしばらく置いてからはがすという方法も使えます。

子どもと孫に同じ絵本を読み聞かせてやれるなんて、ステキですね。

義実家に古い積み木が用意してありました。「よく洗って乾かしたから大丈夫」と言われたのですが、子どもの手にはがれた塗料のカスが付いているのを見てゾッとしました。

しまっておいたおもちゃの手入れをしながら、子どもたちが使っていた頃を思い出していました。とても感慨深かったです。

自分が小さい頃に使っていたブロックを、両親がきれいに洗って送ってくれました。今現在市販されているものとも、互換性があって、子どもは大喜びです。

第5章　安全に楽しく孫育て

時間と手間がかかる遊びはジジババの担当で

小さな子と遊ぶのに、
市販のおもちゃは不要。
手間と時間を惜しまなければ、
遊びの世界は無限大に広がります！

ジジババならではの遊び方を

共働き世帯が増えた今、パパママの子育てに一番足りないのは「時間」かもしれません。

そのため、どうしても準備や後片付けに手間がかかる遊びや、遊び自体に時間がかかる遊びは避けられる傾向にあるのです。

その点、祖父母世代には、昔に比べて時間がたっぷり。これを孫のために使わない手はないでしょう。

市販のおもちゃに頼らずとも、お金なんてなくても、手間と時間さえかければ、孫と遊ぶ方法は山ほどあります。

また、手先を使う遊びは、孫の発達を促すと共に、「じぃじ」「ばぁば」の脳トレにも。孫と楽しみながら、自分自身も元気になるなんて一石二鳥。こんなにいいことはありませんよね。

こんな遊びはいかが？

●ティッシュ・トイレットペーパー・新聞紙

生後半年ぐらいから、赤ちゃんが好んでやりたがるのが、ティッシュを箱から次々に出してしまうこと。もう少し大きくなったら、トイレットペーパーをカラカラと引き出すのも大好きです。でも、パパママにしてみたら、家中をティッシュだらけ、トイレットペーパーだらけにされたのではたまりません。

その点ジジババは別。ティッシュひと箱、トイレットペーパーひと巻きなど安いモノです。自宅では手の届かないところに置くようにして、ジジババの家でだけ「特別に」好きにさせてやるのはどうでしょう？

出してしまったティッシュやペーパーは、元通りにたたむか、芯に巻き取ればいいし、その余裕がなければ、

レジ袋などに入れておいて、順番に使えば無駄にはなりません。

もう少し大きくなったら、古新聞を好きなだけビリビリさせてやるのもおすすめです。

※いずれも、口に入れてしまうと危険です。必ずそばについて見ているようにしてください。

●本物の草花でお花屋さん

公園に咲いている花を勝手に摘むことはできませんが、ジジババの庭ならノープロブレム。盛りを過ぎた花を、自由に摘ませてやりましょう。小さな手で花束にしたら、手持ちのリボンなどで結んでやると、かわいいブーケができあがります。

●お手伝い体験

子どもが「手伝いたい」と思っても、余計に手間がか

かってしまい、パパママにはありがた迷惑。でも、ジジババはその気持ちにじっくり寄り添ってあげる余裕があります。食卓に箸を並べるだけでも立派なお手伝い。できたら大げさなくらい、ほめてやりましょう。

雑巾を絞る、ホウキで掃くなども、自宅ではなかなか体験できなくなっているお手伝いかもしれません。

●水遊び、泥んこ遊び

準備も後始末も大変で、敬遠されがちな水遊びや泥んこ。ジジババなればこそ、思う存分やらせてやれます。特に夏場は、孫も「じぃじ」も「ばぁば」も、熱中症に配慮しつつ、一緒に楽しんでしまいましょう。

●昔からの遊び

赤ちゃんは昔ながらの手遊び歌（げんこつ山のたぬきさんなど）が大好き。

こうして こうして♫
すごい すごい
おそうじ おそうじ♡
ペレ ペレ
ミャー
どちゃっ

また、お手玉、缶ぽっくり、竹馬、けん玉など、昔からの遊びは、マスターするまで時間がかかるものです。その過程も含めて、共に楽しめるのはゆとりのあるジジババならでは。腕に覚えがある人は、おもちゃから手作りしましょう。

●図書館に行こう

良質な絵本をふんだんに買い与えたいと思っても、ジジババの資金には限りがあります。でも、地元の図書館に行けば、選び放題、借り放題。孫用の貸し出しカードがなくても、ジジババのカードで貸し出しを受けることも可能です。

●いくつ言えるかな？

「車」「電車」「ペット」「人気キャラクター」など、孫がお気に入りのものの種類をいくつ言えますか？

車の種類、電車の種類、犬の種類など、孫は好きなものをどんどん覚えていきます。ジジババも負けずに、覚えていきませんか？

共通の話題があれば、たまに会う孫ともすぐに意気投合！　年々衰える記憶力を保つのにも役立ちます。

●トランプ・カルタ

数字や文字が理解できるようになったら、トランプやカルタで遊びませんか？　特にトランプは、コンパクトでどこにでも持ち歩けるし、遊びのバリエーションと深さは、カードゲームの中でも群を抜いています。

ババ抜き一つでも、真剣にやれば盛り上がりますよ。

ホンネ de 言うと…

普段落ち着きがないうちの子は、実家にいる私の祖母（子どもにとってはひいばあちゃん）に抱かれているだけでうっとり。心のゆとりなのか、何かが違うのだと思います。

日曜大工大好きな義理父は、次々に手づくりおもちゃを作ってくれます。でも、楽しんでいるのは、うちの子じゃなくてじぃじのような気がするんですが。

自分が子育てしているときには、「ちゃんと育てなくちゃ」というプレッシャーで、子どもと楽しむ余裕がなかったように思います。孫ができて、改めて小さい子と遊ぶ楽しさに目覚めました！

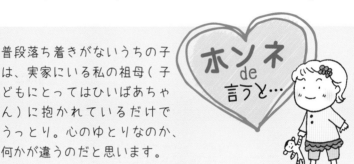

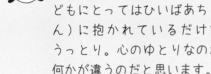

家の中の危険を改めて見直そう

せっかく孫が遊びに来たのに、
ケガをさせてしまったのでは、
楽しさもしぼんでしまいます。
家の中に危険な場所はないか、
改めて見直してみましょう。

家の中で起きる事故は意外に多い

何十年も小さな子どもがいない暮らしをしていると、家の中は乳幼児にとって危険なものだらけになっているかもしれません。

乳児はなんでも口に入れて確かめようとするし、1歳を過ぎてヨチヨチ歩きを始めると、さらに危険。好奇心が旺盛になり、気の向くままに移動して、何でも触るし、引っ張るし……。少しの間も目が離せない時期に入ります。

実は、乳幼児であれ、高齢者であれ、事故に遭うのは屋外ではなく、家の中の方が多いと言われているのです。65歳以上の高齢者に限って言うと、なんと、8割近くが家の中、というデータもあります。

孫の誕生を機に、改めて家の中の危険か所をチェックしてみましょう。

●リビング・ダイニングでは

よくあるのは、垂れ下がったテーブルクロスを引っ張ること。熱い物が載っていると、大やけどにつながります。

電気ポットは手の届かないところに置き、使わないコンセントにはキャップを。

小銭や電池、クリップなど細かい文具類、常用薬や自己注射器も、放置しないように気を付けましょう。

乳幼児の前での喫煙を避けるのは当然ですが、たばこ・ライター・灰皿を目に触れる場所に置くのもやめましょう。

ビニール袋はかぶると危険！
シャカシャカ
角はガード
誤飲ややけどに注意

●キッチンでは

キッチンには包丁や、熱い物、割れ物など、危険がいっぱいです。基本的に、孫はキッチンに立ち入らせないように、ベビーゲートなどでガードしましょう。

よくあるのが、炊飯器の蒸気に興味を持って、手をかざし、やけどする事故。孫の手の届かないところで炊飯しましょう。

最近のコンロは、ちょっと触っただけで簡単に火が点くようになっています。ほとんどの機種はロックができるようになっているので、こまめにチェックしましょう。

可能なら ベビーゲートを 設置するのが ベスト!!
熱っ
取っ手は向こう側にしておく
包丁
ガラスや陶器はすぐにしまう!
保管に注意! ジュース容器などに詰め替えないで!

●お風呂・洗面所・トイレ

赤ちゃんや幼児は、水深数センチで溺れてしまいます。

実際、洋式トイレをのぞき込んで頭が抜けなくなり、溺れてしまったという事故も起きているのです。

洗濯に使うためや、地震などに備えて、湯船の残り湯を抜かない習慣も、孫がいる間は改めましょう。

シャワーで遊んでいて、急に熱湯が出たり、追い炊きしているお風呂の蓋に乗って遊んでいて落ち、大やけどをする事故もあります。自由にお風呂場に入れないように、ドアはしっかり閉めておきましょう。

●ベランダ・階段

小さな子どもは頭が重いので、何かの拍子に高いところから転落してしまうことがあります。

活発な赤ちゃんは、ハイハイの時期から階段をどんどん上っていき、下りるときに下をのぞき込んで、真っ逆さま。予防のため、階段にはベビーゲートを付けておきましょう。

また、ベランダに踏み台になるものを置いていたため、よじ登って手すりごしに下をのぞき込んで転落、という事故も珍しくありません。

ベランダの状況もチェックしておきましょう。

この際、身の回りの整理をしてみたら？

「断《だん》捨《しゃ》離《り》」という言葉に代表されるように、身の回りの不要なものを処分して、スッキリと暮らそうという、考え方があります。

祖父母世代は不要なものをため込んでしまいがち。また、思い出とセットで、いろいろなものをごちゃごちゃ飾ってあったり、床に並べていたりして、それがホコリの巣になっているということはないでしょうか。

孫ができたのをいい機会と考え、無駄のない、掃除のしやすい家にしていきませんか。それが、ひいては自分たちにとっても「安全な家」ということになるのです。

孫の成長は早くて、この間届かなかったところに、あっという間に手が届くようになります。遊びに来ると、目を離さないでいるのが大変です。

ハイハイを始めたうちの子を、義実家に遊びに連れて行ったら、手もお腹のあたりの洋服も真っ黒。どうやら床の拭き掃除はしていないようです。

義理母はパッチワークが趣味。遊びに行くと、まち針が落ちていることが２度ほどありました。そのたびに「落ちてましたよ」と言って渡すのですが、反省している様子はありません。針の本数くらい確認してほしいです。

家の外の危険は？

もちろん、家の外にも危険はあります。
そして、万一のことがあったときには、
大きなケガや命にかかわる事態に
つながります。
「つい、うっかり」は許されないのです。

家の外の事故は予測不能

外の様子や出会うものは予測不能。

赤ちゃんのうちはまだいいのですが、ヨチヨチ歩くようになったら、公園など安全な場所であっても、絶対に目は離さないことです。

一緒に外を歩くときには、必ず手をつなぎます。ジジババにとっては、小さな孫と手をつなぐ姿勢はツラいかもしれません。でも、文字通り、その手が命をつなぎます。不意に振り払って走り出したら、よちよち歩きでも追いつけないのです。

意外な盲点は、長いヒモ状のものが首にからまって起きる事故。パーカーなどのフードについたヒモ、斜めがけにして使うポシェットのヒモなどがそれ。高いところに引っかかり、飛び降りたり、滑り降りたりしたときに、深刻な事故につながっています。

こんなところに注意

●車

外での事故と言えば、道路で車にはねられる事故を思い浮かべるかもしれません。でも実は、車の中、車庫や駐車場での事故も多いのです。車に乗せるときには必ずベビー（チャイルド）シートを使用。ジジババが車を動かす時には、前後左右だけでなく、車の下に孫が隠れていないかも、必ずチェックしてください。

また、ほとんどの車のドアや窓には、子どもが勝手に操作しても開かないようにするロック機能が付いています。説明書などでチェックしてみましょう。

内側から開けられなくなる
チャイルドロックを
オン!
※車種によって位置や
形状が違います!

●ベビーカー

緩やかな坂道などで、うっかり手を離すと、ベビーカーが動き出してしまうことがあります。駅のホームや、交通量の多い道路では、大事故につながります。もし手を離す時には、必ずタイヤにロックをかけましょう。

安定が悪くなるので、ハンドル部分に重い荷物をかけるのも避けましょう。

●トイレ

性犯罪や誘拐などの被害に遭わないように、トイレには必ず一緒に行きます。個室にも一緒に入りましょう。少し大きくなっても、一人でトイレに行かせないこと。必ず個室まで大人が付き添うようにしましょう。

●自転車

自転車の後ろの幼児座席や、直接荷台に乗せたとき、足が車輪のスポークに巻き込まれて大けがをすることがあります。必ず足をガードするタイプの幼児座席を使用してください。また、少しの間だからと、自転車に子どもを乗せたままで、お店などに入るのは厳禁です。

また、あまり知られていないことですが、道交法上は、幼児座席に乗せられるのは6歳未満と決まっています。

実はジジババも危険

家の外の事故というと、孫の方ばかりを心配してしまいますが、実はジジババも危険です。

急に駆け出した孫を追いかけようとして、転倒したり、肉離れを起こしたり。かけっこで転んで、手首の骨や、鎖骨を折ることもあります。

また、抱っこやおんぶで足もとがふらつき、腰を痛めたり、落としそうになった孫を支えようとして自分が転倒するなど、思いがけないところで事故は起きています。

自分の体力や運動能力を過信せず、場合によっては、お散歩リードを使うなどして、自分と孫の安全を守りましょう。

義理母がベビーカーを押したがるのですが、段差や坂道に無頓着。ぐずった時などに、一人でお散歩してきてくれるというのですが、ちょっと任せられない感じです。

家の駐車場から車を出そうとしたら、陰から孫が「バアッ」と出てきました。気付かずに発進させていたらと思うと、ぞっとしましたよ。

うちの両親は、年の割にとても活発で、公園でも体を使って遊んでくれます。でも、私たちが帰った後でくたびれて寝込んだと聞き、心配です。

の 資 料

『まごぼん』（香川県三豊市）

https://www.city.mitoyo.lg.jp/material/files/group/28/magobon.pdf

2015年発行。オールカラーで、写真もふんだんに盛り込まれている。地域密着の情報から、最新育児グッズ、レシピまで網羅されているのはお見事！

孫育て講座

孫育て講座のメリットは、講座への参加を通じて「孫育て仲間」ができること。互いの悩みを語り合ったり、役立つアイデアの交換など、人の輪が広がります。

※ここで紹介したほかにも、自治体が独自で開講しているものもあります。広報などで確認しましょう。

● 公益社団法人　日本助産師会
https://www.midwife.or.jp/

● NPO法人 孫育て・ニッポン
https://www.magosodate-nippon.org/

孫育て

自治体では、祖父母世代と子世代のコミュニケーションギャップを埋めるため、孫育て講座を開講したり、ガイドブックを制作したりしています。

ガイドブックの中にはウェブサイトを通じてダウンロードできるものもあるので、一度目を通してみるといいでしょう。

また、自分の住む自治体でも、孫育て講座開講がされていないか、調べてみるといいでしょう。

『孫育てガイドブック』（岐阜県）

https://kosodate.pref.gifu.lg.jp/doc/magoikkatsudl.pdf

2010年制作。自治体が制作する孫育てガイドの草分け。

『祖父母手帳』（埼玉県さいたま市）

https://www.city.saitama.jp/007/002/012/p044368.html

2015年発行。初版で作った1万部は即配布終了。すぐに増刷したという人気の冊子。
2020年3月第5版発行。
PDF版と電子書籍版があります。

新しい形を考えてみましょう　～あとがきにかえて～

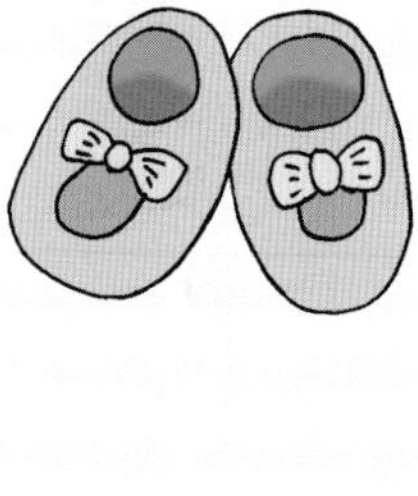

まだ子どもが結婚もしていない頃から、「娘やお嫁さんが妊娠したら、ああしてあげたい、こうもしてあげたい」と思っていたこと、ありませんか？

「戌の日には一緒にお参りに行って、おいしいもの食べよう！」とか「出産前の里帰りはいつにしようか？」などなど、自分自身の経験や、友人知人からの話を元に、いろんな夢が膨らんでいたことと思います。

でも、今はそれらを一旦小さく畳んで、心の隅っこに片付けておいたほうがよさそうです。

２０２０年の新型コロナウイルスの登場で、私たちの生活は大きく変わらざるを得なくなったからです。これはさみしいことではありますが、本当に大切にしなくてはならないことを、じっくり考えるチャンスととらえることもできるのではないでしょうか。

また、ジジババの立場からすると、どの孫にも同じようにしてやりたい、という気持ちがあるのはわかります。でも、今はそう簡単にはいかないのです。

特に妊婦や新生児と人ごみに行くことは、できるだけ避けたほうがいいということはわかってきました。ジジババが、その人ごみを通って手伝いに行くことが本当にいいことなのかどうかも、改めて考えてみる必要があるでしょう。

節目節目での会食も、神社仏閣へのお参りも、以前とは違う形が新しいスタンダードとなる時代が来るかもしれません。

そしてまだ「新しいスタンダード」が確立しない場面では、若い人たちを中心に「自分たちはどうするか」をじっくり考えて決めていけばいいと思います。さらに、たとえいったん決めたことであっても、状況に応じて軌道修正する柔軟性を持てばいいのではないでしょうか。

ジジババの経験や価値観がそのまま生きる場面は、これから先かなり限られてくるでしょうが、若者たちが一所懸命考えて出した結論を支持してやる、心強いサポーターとなることはできます。

私たちも新しいジジババ像を創るパイオニアとして、柔軟に、時代に合わせた対応ができるようになるといいですね。

　　　　　　小屋野　恵

小屋野 恵（おやの　めぐみ）

子育てアドバイザー

30年以上にわたり、子育てや教育に関するテーマを中心に、企画・編集・執筆・講演などを行う。

子育てに悩むお母さんたちには、気持ちをラクにしてくれる、ユーモアにあふれた先輩ママとして、頼りにされている。

「お母さん次第でぐんぐん伸びる！　男の子の育て方」「男の子に言ってはいけない60の言葉」(メイツ出版)など著書多数。

https://oyanomegumi.com/

まさり

イラストレーター

大分在住。

子供のイラスト、子どもが描いたようなほんわかタッチのイラストが得意。主に子育て系書籍や雑誌、パンフレットやポスター等のイラストを手がけながら、オリジナルイラストのグッズ、LINEスタンプの販売なども。

孫育てはもう少し先、子育て中のママ。

https://www.instagram.com/masari555/

スタッフ
執筆／小屋野 恵　編集／覚来ゆか里　イラスト／まさり　DTP／元盛 恵

孫育ての新常識
幸せ祖父母のハッピー子育て術　増補改訂版

2021年2月25日　第1版・第1刷発行

著　者　小屋野　恵（おやの　めぐみ）
発行者　株式会社メイツユニバーサルコンテンツ
　　　　代表者　三渡　治
　　　　〒102-0093東京都千代田区平河町一丁目1-8
印　刷　株式会社厚徳社

ご意見・ご感想はホームページから承っております。
ウェブサイト　https://www.mates-publishing.co.jp/

編集長：折居かおる　副編集長：堀明研斗　企画担当：折居かおる

※本書は2017年発行の『孫育ての新常識　幸せ祖父母のハッピー子育て術』を元に加筆・修正を行っています。